1000 Wege nach dem Abitur

Dieter Herrmann
Angela Verse-Herrmann

1000 Wege nach dem Abitur

So entscheide ich mich richtig

eichborn
berufsstrategie

Die Autoren
Dr. Dieter Herrmann, mehrjährige Tätigkeit als Studienberater für deutsche und ausländische Studierende an der Universität Bonn, ist Geschäftsführer einer Wissenschaftsorganisation.
Dr. Angela Verse-Herrmann war mehrere Jahre Mitarbeiterin in der Zentralen Studienberatung der Universität Trier. Sie arbeitet als Autorin und Seminarleiterin im Bereich Studien- und Berufsplanung sowie als selbstständige Studien- und Berufsberaterin. Sie ist Inhaberin des Instituts für Bildungs- und Wissenschaftsdienste (www.bw-dienste.de).

Zahlreiche gemeinsame Veröffentlichungen, zuletzt: *Der große Berufswahltest. So entscheide ich mich für den richtigen Beruf*, 4. Auflage 2009; *Der große Studienwahltest. So entscheide ich mich für das richtige Studienfach*, 4. Auflage 2008; *Erfolgreich bewerben an Hochschulen. So bekommen Sie Ihren Wunschstudienplatz*, 2008.

Umschlaggestaltung: Christina Hucke
Foto: Tanja Giessler, © plainpicture/fStop
Satz: Fotosatz Amann, Aichstetten
Druck und Bindung: Fuldaer Verlagsanstalt, Fulda
ISBN: 978-3-8218-5995-8

FSC Mix
Produktgruppe aus vorbildlich bewirtschafteten Wäldern, kontrollierten Herkünften und Recyclingholz oder -fasern
www.fsc.org Zert.-Nr. SCS-COC-001554
© 1996 Forest Stewardship Council

Eichborn Verlag, Kaiserstraße 66, 60329 Frankfurt am Main
Mehr Informationen zu Büchern und Hörbüchern aus dem Eichborn Verlag finden Sie unter www.eichborn.de

Inhalt

Einleitung 9

Die Zeit zwischen Abitur und Ausbildung/Studium nutzen 11
Gesellschaftliches Engagement: Freiwillige soziale Dienste 11
Erfahrungen sammeln: Praktika im In- und Ausland 12
Wehrdienst oder Zivildienst 16

Ausbildungen und Studiengänge im Überblick 19
Dual und beliebt: Betriebliche Ausbildungen 20
Abiturienten gesucht: Sonderausbildungsgänge der Wirtschaft .. 23
Fit für die Führungsetage: Berufs- und Wirtschaftsakademien .. 24
Kombiausbildungen Theorie/Praxis beim Staat:
Diplom-Verwaltungswirt/in 30
Interessant, aber zum Teil sehr teuer: Berufsfachschulen 31
Praxis und Studium vereint: Duale Studiengänge 33
Für Anwendungsbezogene: Das Fachhochschulstudium 40
Viele Angebote, doch teilweise überlaufen:
Studium an einer wissenschaftlichen Hochschule 41
Für Hochbegabte: Studium Musik, Kunst, Sport 43
Die Alternative: Studium an einer privaten Hochschule 44
Fern der Heimat: Studieren im Ausland 45
Ausbildungswege in der Übersicht 48

Die richtige Entscheidung treffen 50
Test 1: Berufliche Ausbildung oder Studium? 50
Test 2: Fachhochschul- oder Universitätsstudium? 59
Test 3: Bisherige Schulnoten und mögliche Ausbildungswege ... 67

Die Alternative zum Studium:
Attraktive Ausbildungsberufe 76
Handwerklich-technische Ausbildungen 77
Gestaltung, Kunst, Mode, Design 77
Beratung, Bedienung, Verkauf 78
Berufe in den Naturwissenschaften 79
Medizin, Gesundheit und Pflege 79
Soziale Berufe und Erziehung 80
Land- und Forstwirtschaft, Natur und Umwelt 80
Rechts- und Sicherheitsberufe 80

Studieren ja, aber was und wo? 81
Von Ägyptologie bis Zahnmedizin:
180 Studienfächer kurz vorgestellt 81
1. Sprach-, literatur- und kulturwissenschaftliche Fächer 82
2. Theologische Fächer 87
3. Mathematik und Naturwissenschaften 88
4. Agrar-, Forst- und Ernährungswissenschaften 90
5. Medizinische Fächer 91
6. Technische und ingenieurwissenschaftliche Fächer 92
7. Rechts-, Wirtschafts- und Gesellschaftswissenschaften 94
8. Sozialwesen 97
9. Pädagogik und Erziehungswissenschaften 98
10. Informationswissenschaften 101
11. Freie und Angewandte Kunst sowie Musik und Theater 102
12. Sport und Gesundheit 104
Die richtigen Überlegungen anstellen:
Die Wahl des Studienfaches 105
Im Info-Dschungel:
Diese Informationsquellen sollte man nutzen 109
Fast so wichtig wie die Fächerwahl:
Die Wahl des Studienorts 115
Nur bedingt verwendbar: Hochschul-Rankings 118
Der optimale Fahrplan ins Studium 120

Wie komme ich an den Ausbildungs- oder Studienplatz? 122
Bewerbung um einen Ausbildungsplatz 122
Bewerbung für Sonderausbildungsgänge der Wirtschaft 137
Bewerbung für Ausbildungen an Berufs- oder Wirtschaftsakademien 138
Bewerbung für den öffentlichen Dienst 142
Bewerbung für Berufsfachschulen 142
Bewerbung um einen Studienplatz 143

Ausbildung/Studium und Finanzen 153
Großes Gefälle: Die Ausbildungsvergütungen für Lehrlinge 153
Nicht zu unterschätzen: Die Kosten des Studiums 154
Geld vom Staat: BAföG 155
Für Begabte: Stipendien und Zuschüsse 159
Neue Möglichkeit: Studieren mit Kredit 165
Der Spagat: Studium und Jobben 168
Ausgaben minimieren: Vergünstigungen für Studierende 169
Bücher und Websites zum Weiterlesen 172

Hochschulen in Deutschland mit Internetadressen 174

Einleitung

Liebe Leserin, lieber Leser,

wie Sie stehen jedes Jahr einige hunderttausend junge Menschen kurz vor dem Abitur oder haben die Prüfungen bereits erfolgreich hinter sich gebracht. Und schon wartet eine neue wichtige Herausforderung: die Entscheidung für den richtigen Berufsweg.

Dabei scheint es auf den ersten Blick gar nicht so leicht, sich angesichts der Fülle an Ausbildungsangeboten zurechtzufinden. So gibt es neben Lehre und Universitäts- oder Fachhochschulstudium noch viele andere Möglichkeiten – und jedes Jahr kommen weitere hinzu – wie z. B. Kombinationen von Lehre und Studium im Rahmen einer Ausbildung an Berufs- und Wirtschaftsakademien, Kombinationen von Lehre und Studium an Fachhochschulen oder Universitäten, sogenannte duale Studiengänge, oder Kombinationen von Ausbildung und Studium im öffentlichen Dienst und weitere attraktive Sonderausbildungsgänge ausschließich für Abiturienten. Doch wie finden Sie heraus, welcher Weg der richtige ist und Ihren individuellen Neigungen und Interessen entspricht? Das Internet, das unter Schlagwörtern wie »Studium« oder »Studienentscheidung« unzählige Treffer anzeigt, kann die für Sie persönlich relevanten Informationen nicht herausfiltern. Und auch die staatlichen Stellen wie die Bundesagentur für Arbeit oder die Hochschulen können im Einzelfall nur begrenzt weiterhelfen.

Die Neuausgabe von *1000 Wege nach dem Abitur* soll Sie bei der Entscheidungsfindung für die für Sie optimale Berufsausbildung unterstützen. Hierfür bedarf es der Beantwortung von sechs zentralen Fragen:

1. Welche Ausbildungsmöglichkeiten bietet das Abitur?
2. Welche Voraussetzungen sind für die verschiedenen Ausbildungswege vonnöten? Bin ich eher für eine Berufsausbildung, eine der genannten Kombinationsausbildungen oder ein Studium geeignet?
3. Ist bei der Entscheidung für ein Studium die Universität oder die Fachhochschule die individuell richtige Wahl?
4. Welcher Studiengang passt zu den eigenen Begabungen, Vorlieben und Fähigkeiten?

5. Wie komme ich zu dem erwünschten Ausbildungs- bzw. Studienplatz und welche Hürden werden mich hierbei erwarten?
6. Welche Kosten bringt ein Studium mit sich und welche Finanzierungsmöglichkeiten gibt es?

Lassen Sie sich nicht entmutigen, wenn Sie nicht auf Anhieb die für Sie entscheidenden Antworten parat haben. Zunächst werden wir Ihnen verschiedene Wege aufzeigen, wie Sie die Zeit zwischen dem Abitur und der Ausbildung beziehungsweise dem Studium sinnvoll überbrücken können. Hierbei gibt es ganz unterschiedliche Möglichkeiten, wie zum Beispiel Praktika, Auslandsaufenthalte als Au-pair, ein freiwilliges soziales oder ein freiwilliges ökologisches Jahr. Außerdem sind für eine erste Orientierung im Buch mehrere Tests für Sie enthalten, die Ihnen helfen sollen, sich angesichts der rund 150 vorgestellten Ausbildungsberufe und 180 Studienfächer zu orientieren.

Wenn Sie in Erfahrung gebracht haben, welche Ausbildung oder welches Studium Sie anstreben wollen, zeigen wir Ihnen, wie Sie sich hierfür erfolgreich bewerben können. Am Ende dieses Buches sollten Sie wissen, wohin Ihr künftiger beruflicher Weg geht oder wohin er gehen kann.

Wir würden uns freuen, wenn der eine oder andere Leser uns von seinen Erfahrungen berichten würde, damit künftige Leser auch davon profitieren. Über Ihre Zuschriften freuen sich:

Dr. Dieter Herrmann
Dr. Angela Verse-Herrmann
St.-Gereon-Straße 28
55299 Nackenheim
E-Mail: *verseangela@aol.com*

Das Abitur in der Tasche oder greifbar nah – mit Hilfe dieses Buches sollte Ihnen der erfolgreiche Start ins Studium oder die Ausbildung gelingen! Dies wünschen Ihnen

Ihre Autoren — Nackenheim, im November 2009

Die Zeit zwischen Abitur und Ausbildung/Studium nutzen

Gesellschaftliches Engagement: Freiwillige soziale Dienste

Wer nach langen Schuljahren den Wunsch hat, erst einmal etwas anderes zu machen oder die Berufswahlentscheidung später zu treffen, kann dies mit einem besonderen gesellschaftlichen Engagement verbinden. Die Möglichkeiten, ein freiwilliges soziales oder ökologisches Jahr zu leisten, sind in den letzten Jahren stetig erweitert worden. Wer einen sogenannten gesetzlich geregelten Freiwilligendienst leisten möchte, kann dies außer in den klassischen Einrichtungen auch im Bereich der Jugendarbeit, des Sports, in Kultureinrichtungen oder in der Denkmalpflege tun. Es ist auch möglich, den Freiwilligendienst außerhalb Europas zu absolvieren. Der Freiwilligendienst erfolgt üblicherweise direkt im Anschluss an den Schulabschluss, ist ganztägig und dauert mindestens sechs Monate, in der Regel ein Jahr. Er kann auf maximal 18 Monate verlängert werden.

Anerkannte Kriegsdienstverweigerer können anstelle des Zivildienstes auch einen elfmonatigen freiwilligen Dienst bei sozialen oder ökologischen Trägern leisten. Ein solcher freiwilliger Dienst gibt auch die Möglichkeit, in einen Berufsbereich hineinzuschnuppern und in Erfahrung zu bringen, ob man hierfür geeignet ist.

Das freiwillige soziale/ökologische Jahr beginnt in aller Regel jeweils im August oder September. Solche Dienste werden auch bei der ZVS als Wartesemester angerechnet.

Eine weitere Alternative innerhalb der freiwilligen sozialen Dienste ist die Mitarbeit bei einer Friedensdienstorganisation. Die beiden großen christlichen Konfessionen entsenden pro Jahr ca. 150 bzw. 180 Teilnehmer zu einem Friedensdienstprojekt, das entweder in Deutschland oder im Ausland (eher die Regel) durchgeführt wird. Solche Friedensdienste dauern zwischen zwölf und achtzehn Monate. Vorgeschaltet sind Infoseminare und Vorbereitungskurse, später folgen Rückkehrertreffen. Die Teilnahme an einem Friedensdienstprojekt kann ebenso anstelle des Zivildienstes erfolgen.

Weitere Informationen: Kapitel »Freiwilliges soziales und freiwilliges ökologisches Jahr« in *Studien- und Berufswahl* und in der Broschüre *Für mich und für andere* des Bundesministeriums für Familie, Senioren, Frauen und Jugend (kann von der Homepage des Ministeriums unter *www.bmfsfj.de* unter »Publikationen« heruntergeladen werden).

Erfahrungen sammeln: Praktika im In- und Ausland

Wer mit einer Berufsausbildung liebäugelt oder sich bereits für eine Lehre entschieden hat, sollte vor der Unterschrift unter den Ausbildungsvertrag unbedingt ein Praktikum entweder in dem künftigen Ausbildungsbetrieb oder in einem Betrieb der gleichen Branche absolvieren, um in Erfahrung zu bringen, ob die Vorstellung von der Ausbildung auch der Realität entspricht. Hier bieten sich etwa die Sommerferien zwischen der Jahrgangsstufe 12 und 13 an. Das Praktikum sollte mindestens drei, besser vier Wochen dauern und auch die Möglichkeit bieten, in verschiedene Abteilungen des Unternehmens hineinzuschnuppern.

Diejenigen, die mit einem Studium liebäugeln, können die Zeit zwischen dem Abitur und dem Studienbeginn ebenso für ein Praktikum nutzen. Auch wer eventuell ein oder zwei Semester auf den Studienplatz warten muss, kann diese Zeit sinnvoll durch ein Praktikum oder mehrere Praktika überbrücken. Hier sollte das Praktikum mindestens drei Monate umfassen und in dem Bereich erfolgen, wo man seine späteren beruflichen Einsatzmöglichkeiten sieht. Ein solches, dem Studium vorgelagertes Praktikum bietet die Chance, herauszufinden, ob das angestrebte Studium mit dem, was man sich vom späteren Beruf erhofft, in Einklang steht.

Tipp

An einen Praktikumsplatz kommt man auf drei Wegen:

1. Beziehungen oder persönliche Kontakte
2. Nutzung von Informations- und Vermittlungseinrichtungen
3. über das Internet

Um persönliche Kontakte oder Beziehungen zu nutzen, muss man nicht den Chef oder Personalchef eines Unternehmens kennen. Eltern, Verwandte, Freunde oder Mitschüler verfügen oft über indirekte Kontakte zu Betrieben. Diese Personen gilt es, gezielt auf die eigenen Vorstellungen anzusprechen und zu bitten, möglicherweise einen ersten Kontakt zum Unternehmen herzustellen.

In jeder Stadt gibt es eine Bundesagentur für Arbeit, die Praktika vermittelt. Die örtliche Industrie- und Handelskammer ist behilflich, interessierten Praktikanten Plätze in Unternehmen der regionalen Wirtschaft zu vermitteln. An jeder Hochschule können sich auch Abiturienten nach Praktikantenstellen bei studentischen Initiativen und den Technologietransferstellen der Hochschulen erkundigen und in Frage kommende Angebote nutzen. An den Hochschulen sind mancherorts Vermittlungsstellen der Bundesagentur für Arbeit eingerichtet, die auch Praktikantenstellen vermitteln. Ebenfalls verfügen die Studienberatungsstellen der Hochschulen zuweilen über Verzeichnisse von Betrieben, die an Praktikanten interessiert sind.

Wichtigste Informationsquelle ist das Internet. Praktika werden auf der Homepage von großen Unternehmen angeboten oder können in Praktikantenbörsen recherchiert werden. Im Folgenden wird ein Überblick über entsprechende Praktikantenbörsen gegeben:

Absolute Beginners – Praktikumsvermittlung für die Bereiche Grafik, Design, Werbung, Redaktion und Marketing mit Online-Bewerbung
www.absolutebeginners.de

Cesar – eine Auflistung von Praktikantenbörsen
www.cesar.de/alles_ueber_cesar.html

Forum – Informationsdienst mit Praktika, Bewerbungs-Know-how und Unternehmensporträts
www.forum-jobline.de

Interactive BusinessNet – Praktikumsbörse, vor allem für die Multimedia- und Online-Branche
www.ibusiness.de/praktika

International Placement Center (IPC) – ein gemeinnütziger Verein an der TH Darmstadt und der TU Dresden, vermittelt Auslandspraktika für angehende Wirtschaftsingenieure
www.ipc.php-darmstadt.de/german/aktuelles/praktika/index.html

Jobmensa – eines der größten Portale für Studentenjobs, aber auch mit Praktikantenbörse
www.jobmensa.de

Planet Praktika – Praktikumsbörse für alle Branchen und Studienbereiche
www.planetpraktika.de

Prabo.de – Praktikumsbörse u.a. für Schüler
www.prabo.de

Praktikum.de – Suche nach Branche, Abschluss, Dauer oder regionalen Aspekten
www.praktikum.de

Praktikum.info – Stellenanzeigen für Praktika und Studentenjobs
www.praktikum.info

Praktikum online – Praktikumsbörse u.a. für Schüler
www.praktikum-online.de

Praktikumsbörse – ein kostenloser Service des Bundesverbandes der mittelständischen Wirtschaft (BVMW)
www.praktikums-boerse.de

Praktikum-Service – Stellen- und Bewerbungsbörse für Praktika im In- und Ausland
www.praktikum-service.de

Unicum Praktikumsbörse – Die Angebote lassen sich regional, nach Firmen und nach Stichworten durchsuchen.
www.unicum.de/beruf/praktikum

Auch der Ring Christlich-Demokratischer Studenten (RCDS) hat eine Praktikantenbörse für Praktika im Inland eingerichtet. Adresse: RCDS Bildungs- und Sozialwerk e.V., Neue Straße 34, 91054 Erlangen, Tel.: 09131 / 206163 (dienstags und donnerstags 11.00 – 13.00 Uhr), E-Mail: praktikantenboerse@rcds.de; Online-Antrag unter *www.rcds.de/praktikanten-onlineantrag.asp.*

Ein Praktikum in Deutschland zu finden, ist relativ einfach. Es stellt sich noch die Frage der Bezahlung. Hier gibt es keine einheitlichen Regelungen. Einige Unternehmen zahlen kein Entgelt, weil mit der Durchführung von Praktika entsprechende Kosten verbunden sind. Andere Unternehmen wiederum zahlen einige hundert Euro und bieten damit auch einen finanziellen Anreiz. Wichtig ist, dass bezahlte Praktika, die nicht von der jeweiligen Studien- und Prüfungsordnung eines Studienfaches vorgeschrieben sind, der Sozialversicherungspflicht unterliegen.

Die Bezahlung eines Praktikums ist Verhandlungssache. Allerdings sollten Interessenten hier nicht überreizen. Mehr als 400 Euro bis 500 Euro Praktikumsentgelt im Monat sind die Ausnahme. Umgekehrt sollte man auch nicht unbedingt kostenlos arbeiten, vor allem, wenn das Praktikum länger als einige Wochen dauert, da die Unternehmen auch Vorteile durch Praktikanten haben und möglicherweise in einigen Jahren einen qualifizierten Mitarbeiter gewinnen können.

Ein Praktikum im Ausland ist natürlich ein Sahnehäubchen in jedem beruflichen Lebenslauf. Auch hier ist es nicht schwierig, an einen Praktikantenplatz zu kommen. Entweder schiebt man das Auslandspraktikum auf die Semesterferien im Studium und vertraut auf die Vermittlungshilfe einer Reihe von studentischen Initiativen und von Förderorganisationen, die sich den internationalen Austausch von Studierenden auf ihre Fahnen geschrieben haben, oder man versucht selbst, über die jeweilige deutsche Botschaft oder das deutsche Konsulat im Ausland an Adressen von Unternehmen heranzukommen, die an deutschsprachigen Praktikanten Interesse haben. Neben möglichen fremdsprachlichen Barrieren können Reise- und Aufenthaltskosten und außerhalb der EU auch Visumshürden auftreten.

Eine vor allem bei Abiturientinnen beliebte Methode, ein fremdes Land kennenzulernen, ist, sich als Au-pair vermitteln zu lassen. Man ist für einige Monate oder Wochen Gast einer Familie und hilft dort im Haushalt und/oder bei der Betreuung der Kinder. Die Erfahrungsberichte von ehemaligen Au-pair-Absolventinnen sind jedoch sehr unterschiedlich. Um Land und Leute wirklich intensiv kennenzulernen und nicht als preisgünstige Putzhilfe ausgebeutet zu werden, sollte die Vermittlung über zuverlässige persönliche Kontakte oder über eine überprüfte seriöse Au-pair-Vermittlungsagentur erfolgen. Literaturtipp:

Susanne Caudera-Preil, *Als Au-pair ins Ausland*, 2008.

Nützliche Links

www.au-pair-agenturen.de
www.au-pair-vij.org (Homepage des Vereins für internationale Jugendarbeit –vij)
www.us-botschaft.de (Pfad »Studium & Austausch«, dann »Berufliche Aus- und Fortbildung«)
www.aupairusa.de
www.au-pair-society.org
www.rausvonzuhaus.de (Pfad »Programmarten«, dann »Au Pair«)

Wehrdienst oder Zivildienst

Der *Grundwehrdienst* kann beim Heer, der Luftwaffe, der Marine, bei der Streitkräftebasis oder im Zentralen Sanitätsdienst abgeleistet werden und dauert neun Monate, ab 1.1.2011 nur noch sechs. Die für die Einberufung zuständigen Kreiswehrersatzämter berufen die Wehrpflichtigen quartalsweise, beginnend mit dem 1. Januar eines Jahres, ein. Da nur ein Teil des jeweiligen Jahrgangs direkt eingezogen wird, sollten Abiturienten ihre Ausbildungs- und Studienplanung vorantreiben.

Wer nach dem Abitur eine Lehre beginnt, wird normalerweise nicht während der Lehre eingezogen, sondern leistet den Wehrdienst erst nach der Ausbildung. Studierende, die bereits im dritten Semester eingeschrieben sind, können ebenfalls nicht mehr aus dem Studium herausgezogen werden. Die Heranziehung zum Grundwehrdienst ist bis zum abgeschlossenen 23. Lebensjahr möglich. Wer zurückgestellt wurde, kann bis zur Vollendung des 25. Lebensjahres dienstverpflichtet werden.

Wer vor oder während des Wehrdienstes einen Studienplatz erhält, diesen aber wegen des Dienstes nicht antreten kann, wird in zulassungsbeschränkten Studiengängen aufgrund dieses früheren Zulassungsanspruches ausgewählt. Die Zulassung muss aber spätestens zum zweiten Vergabeverfahren nach Beendigung des Dienstes beantragt werden. Dies gilt für Studienplätze, die von der ZVS vergeben werden, wie auch für die direkt von den Hochschulen vergebenen. Wer sich vor dem Wehrdienst nicht um einen Studienplatz beworben oder keine Zulassung erhalten hat, kann die Dauer des Grundwehrdienstes bei Studienplätzen, die eine Wartezeitquote haben, anrechnen lassen.

Unter bestimmten Voraussetzungen kann im Anschluss an den Grundwehrdienst freiwillig ein zusätzlicher Wehrdienst geleistet werden. Dieser dauert mindestens einen Monat, maximal vierzehn Monate und ist nur im unmittelbaren Anschluss an den Grundwehrdienst möglich. Er ist mit finanziellen Anreizen verbunden.

Außerdem besteht die Möglichkeit, sich während des Grundwehrdienstes als Soldat oder Soldatin auf Zeit zu verpflichten, mit einer Regelverpflichtungszeit von vier Jahren und einer Weiterverpflichtung von bis zu acht Jahren. Darüber hinaus können Abiturienten auch als Berufssoldat/Berufssoldatin bei der Bundeswehr tätig werden und unter bestimmten Voraussetzungen dann an einer der Hochschulen der Bundeswehr studieren.

Für Frauen gibt es (noch) keinen Grundwehrdienst. Sie können sich bei der Bundeswehr zum freiwilligen Dienst als Soldatin auf Zeit oder Berufssoldatin verpflichten. Ihnen stehen also die gleichen beruflichen Möglichkeiten bei der Bundeswehr offen wie den Männern.

Weitere Informationen unter *www.bundeswehr-karriere.de* oder der kostenlosen Info-Hotline 0800/9800880.

Voraussetzung für den *Zivildienst* ist die Anerkennung der Kriegsdienstverweigerung. Wer aus Gewissensgründen den Dienst an der Waffe ablehnt und vom Bundesamt für Zivildienst als Kriegsdienstverweigerer anerkannt worden ist, leistet einen neunmonatigen Zivildienst. Dieser kann im Gegensatz zum Grundwehrdienst unter bestimmten Bedingungen auch abschnittsweise absolviert werden. Ansonsten sind Grundwehrdienst- und Zivildienstleistende rechtlich gleichgestellt. Beide erhalten den gleichen Sold. Ähnlich wie beim Wehrdienst können sich auch Zivildienstleistende zurückstellen lassen. Hier kann man in Ausnahmefällen bis zum 28. bzw. 32. Lebensjahr einberufen werden. Die meisten Zivildienstplätze sind im sozialen Bereich angesiedelt, im Bereich des Umwelt- und Naturschutzes, der Landschaftspflege sowie im Gewässer- und Wasserschutz.

Wehrpflichtige und anerkannte Kriegsdienstverweigerer, die sich vor Vollendung des 23. Lebensjahres für mindestens sechs Jahre als ehrenamtliche Helfer im Zivil- oder Katastrophenschutz verpflichten, werden nicht zum Wehr- oder Zivildienst herangezogen, solange sie im Zivil- oder Katastrophenschutz tätig sind. Wer sechs Jahre dort mitgewirkt hat, wird nicht mehr zum Dienst eingezogen. Anerkannte Kriegsdienstverweigerer können anstelle des Zivildienstes auch einen zwölfmonatigen Freiwilligendienst bei einem dafür anerkannten Träger leisten.

Anerkannten Kriegsdienstverweigerern steht auch die Möglichkeit offen, sich gegenüber einem anerkannten Träger zur unentgeltlichen Leistung eines Dienstes im Ausland zu verpflichten, der das friedliche Zusammenleben der Völker zum Ziel hat. Der Dienst muss mindestens elf Monate dauern und vor Vollendung des 23. Lebensjahres angetreten werden.

Eine weitere Möglichkeit des Dienstes im Ausland ist der *Entwicklungsdienst*. Wehrpflichtige, die mindestens zwei Jahre Entwicklungsdienst geleistet haben, werden nicht mehr zum Grundwehrdienst oder zum Zivildienst herangezogen. Eine Bewerbung für den Entwicklungsdienst macht aber nur Sinn, wenn vor der Bewerbung eine Berufsausbildung abgeschlossen wurde, die auch in die Bedarfsprojektion des Trägers des Entwicklungsdienstes passt. Außerdem darf zum Zeitpunkt der Bewerbung der Einberufungsbescheid oder die Ankündigung der Einberufung dem Wehrpflichtigen noch nicht vorliegen.

Weitere Informationen unter *www.bmfsfj.de* und hier unter »Zivildienst«.

Ausbildungen und Studiengänge im Überblick

Die richtige Entscheidung für den späteren Beruf kann man nur treffen, wenn einem alle Optionen bekannt sind. Aber nur wenige Abiturienten wissen um ihre Möglichkeiten. Die meisten glauben, man könne entweder eine Lehre machen oder an einer Fachhochschule oder Universität studieren. Es gibt aber, wie wir gleich sehen werden, erheblich mehr Alternativen.

Vielfach ist bei Jugendlichen die Haltung anzutreffen, man müsse in Zeiten, in denen Arbeits- und Ausbildungsplätze ein knappes Gut geworden sind, bei einer angebotenen Ausbildungsmöglichkeit schnell zugreifen, auch wenn diese in Anbetracht der eigenen Interessen und Fähigkeiten nur einen leidlichen Kompromiss darstellt. Bei einer der wichtigsten Entscheidungen, die man im Leben treffen muss, der Berufswahl, sollte man jedoch niemals übereilt handeln, sondern nur nach gründlicher Information und langer Überlegung. Entscheidungsfreude ist sicherlich geboten, aber erst dann, wenn man um alle Optionen weiß.

Welche Ausbildungsmöglichkeiten gibt es überhaupt nach dem Abitur?

Studium	Dauer in Jahren durchschnittlich
an Universitäten und Technischen Universitäten/Hochschulen	3 – 3,5 (in Studiengängen mit Abschluss Bachelor) 5 – 6 (in Studiengängen mit den Abschlüssen Master, Diplom, Staatsexamen, Magister Artium)
an Kunst-, Sport-, Musikhochschulen	4 – 6
an Fachhochschulen	3,5 – 4 (ohne Vorpraktikum, in Studiengängen mit Abschluss Bachelor) 4 – 4,5 (ohne Vorpraktikum, in Studiengängen mit Abschluss Diplom (FH))

Berufliche Ausbildung	Dauer in Jahren durchschnittlich
in einem anerkannten Ausbildungsberuf	2 – 3,5
durch Sonderausbildungsgänge der Wirtschaft	2 – 3
an einer Berufsakademie	3
im öffentlichen Dienst (gehobener Dienst)	3
Berufsfachschule	2 – 4

Ein Bachelorstudiengang ist an Universitäten und Technischen Universitäten/Hochschulen auf eine Studiendauer von drei Jahren (6 Semester) angelegt, ein darauf aufbauender Masterstudiengang dauert zwei weitere Jahre (4 Semester). Für ein *konsekutives Bachelor-/Masterstudium*, d. h. ein dreijähriges Bachelorstudium und ein inhaltlich anschließendes zweijähriges Masterstudium, müssen also mindestens fünf Jahre Studienzeit veranschlagt werden.

An Fachhochschulen ist ein Bachelorstudiengang in der Regel auf dreieinhalb Jahre (7 Semester) angelegt. Bachelorstudiengänge von dreijähriger (6 Semester) oder vierjähriger (8 Semester) Dauer gibt es seltener. Die sich anschließenden Masterstudiengänge dauern zusätzlich eineinhalb oder zwei Jahre. Die Studiendauer liegt also zwischen mindestens drei (Bachelorabschluss) und fünf Jahren (bei anschließendem Masterstudium).

Dual und beliebt: Betriebliche Ausbildungen

Etwa ein Drittel der Abiturienten eines Jahrgangs entscheidet sich für einen der rund 350 anerkannten Ausbildungsberufe. Besonders viele Lehrverträge wurden von den derzeit rund 64 000 Abiturienten, die jedes Jahr eine Ausbildung beginnen, abgeschlossen als:

- Bankkaufmann/-frau
- Biologielaborant/in
- Chemielaborant/in
- Buchhändler/in
- Fachinformatiker/in
- Immobilienkaufmann/-frau

- Kaufmann/-frau für audiovisuelle Medien
- Kaufmann/-frau für Versicherung und Finanzen (früher Versicherungskaufmann/-frau)
- Kaufmann/-frau für Marketingkommunikation (früher Werbekaufmann/-frau)
- Luftverkehrskaufmann/-frau
- Mediengestalter/in Bild und Ton bzw. Mediengestalter/in Digital- und Printmedien.
- Medienkaufmann/-frau Digital und Print (früher: Verlagskaufmann/-frau)
- Reiseverkehrskaufmann/-frau
- Servicekaufmann/-frau im Luftverkehr
- Steuerfachangestellte/r
- Zahntechniker/in

Auf S. 76-80 werden Ausbildungsberufe, in denen besonders viele Abiturienten anzutreffen sind, geordnet nach fachlichen Gruppen, noch einmal aufgeführt.

Unabhängig davon, welche Ausbildung man beginnt, sie läuft nach einem bestimmten Schema ab. Die Ausbildung wird nach dem sogenannten dualen – d. h. zweiteiligen – System durchgeführt: Die praktische Ausbildung im Betrieb wechselt mit theoretischem Unterricht in der Berufsschule (ein bis zwei Tage pro Woche oder in entsprechenden Blöcken). Das Verhältnis Praxis und Theorie beträgt etwa drei Viertel zu einem Viertel. Die meisten Ausbildungen sind auf drei Jahre angelegt. Für Abiturienten besteht die Möglichkeit, die Lehrzeit auf zwei bis zweieinhalb Jahre zu verkürzen, wenn die Leistungen im Betrieb und in der Berufsschule stimmen und wenn der Ausbildungsbetrieb damit einverstanden ist.

Die Ausbildung endet mit einer Prüfung vor der Industrie- und Handelskammer oder vor der Handwerkskammer. Was an Prüfungsleistungen erbracht werden muss, ist genau geregelt und wird vom Staat kontrolliert. Während der Ausbildung wird generell eine Ausbildungsvergütung gezahlt, die – je nach Beruf und Ausbildungsjahr, ansteigend mit dem Ausbildungsjahr – zwischen 300 und 1000 Euro liegt. Die Praxis steht bei der betrieblichen Ausbildung eindeutig im Vordergrund.

Interessant ist eine betriebliche Ausbildung also für all diejenigen, die einen möglichst raschen Berufseinstieg und damit schnelle finanzielle Unabhängigkeit sowie einen großen Praxisanteil in der Ausbildung anstreben. Die Bewerbung um einen Ausbildungsplatz beginnt etwa ein Jahr vor dem Abitur. Vor allem bei großen Unternehmen (u.a. bei Banken und Versicherungen) sollte man sich bis zu eineinhalb Jahre vor Ausbildungsbeginn (1. August/1. September eines Jahres) bewerben.

Die Auswahl erfolgt anhand der eingereichten Bewerbungsunterlagen. Die Entscheidung, wer zum Vorstellungsgespräch eingeladen wird, hängt vom Gesamteindruck der Bewerbung, vom letzten Schulzeugnis und von den Noten in den Fächern ab, die für die Ausbildung wichtig sind. Da es sich in der Regel um die erste Bewerbung handelt, sollte man hierbei sehr gründlich vorgehen. Eine schlampige, fehlerhafte Bewerbung kann nicht durch noch so gute Schulnoten kompensiert werden. Personalverantwortliche legen auf eine komplette und ordentliche Bewerbungsmappe Wert. Zu empfehlen ist an dieser Stelle *Die perfekte Bewerbungsmappe für Ausbildungsplatzsuchende*, 2010, von Jürgen Hesse und Hans Christian Schrader.

Informationen zu den Ausbildungsberufen
erhält man bei der Berufsberatung der Bundesagentur für Arbeit und in den Berufsinformationszentren (BiZ), in denen viele Materialien zu Lehrberufen zum Mitnehmen ausliegen. Auch werden die Ausbildungsberufe in der Arbeitsagentur-Datenbank unter *www.berufenet.arbeitsagentur.de* sehr gut beschrieben. Ebenso kann im Internet branchenspezifisch recherchiert werden, etwa unter: *www.autoberufe.de, www.bankazubis.de, www.berufe-im-gastgewerbe.de* und *www.it-berufe.de*.

Freie Ausbildungsstellen
werden entweder von der jeweiligen Arbeitsagentur vermittelt, in der Lokalzeitung ausgeschrieben oder sind über eine Vielzahl von Ausbildungsplatzbörsen im Internet recherchierbar (etwa die Stellen- und Bewerberbörsen unter *www.arbeitsagentur.de*, auf *www.meinestadt.de*, auf den Websites der jeweiligen Industrie- und Handelskammer bzw. Handwerkskammer).

Außerdem ist es sinnvoll, bei Betrieben direkt nachzufragen oder sich auf der Homepage von in Frage kommenden Unternehmen das Lehrstellenangebot anzusehen.

Abiturienten gesucht: Sonderausbildungsgänge der Wirtschaft

Es gibt in Deutschland über 3000 Betriebe, die jährlich einige tausend Ausbildungsplätze speziell für Abiturienten oder (weniger häufig) für Bewerber mit Fachhochschulreife anbieten. Bei diesen Sonderausbildungsgängen arbeiten Unternehmen mit verschiedenen Ausbildungsstätten wie Verwaltungs- und Wirtschaftsakademien, Berufsakademien, Berufsschulen und in einigen Fällen auch mit Fachhochschulen zusammen. Es handelt sich also auch um eine Ausbildung nach dem dualen System: Praxisphasen im Betrieb wechseln ab mit Phasen der theoretischen Ausbildung an der Berufsschule. Im Gegensatz zur klassischen Lehre ist jedoch der theoretische Anteil höher und beträgt etwa ein Drittel. Außerdem werden spezielle Klassen für diese Sonderausbildung besucht. Von daher ist das Anfangsniveau etwas höher. Nach etwa zwei Jahren wird ein anerkannter Ausbildungsberuf abgeschlossen. Daran schließt sich ein drittes Jahr als Fortbildung an, die mit einer weiteren Kammerprüfung abgeschlossen werden kann. Nach erfolgreicher Prüfung lassen sich die Absolventen an der Bezeichnung Assistent/in erkennen (je nach Fachrichtung Wirtschaftsassistent/in, Handelsassistent/in, Mathematisch-technische/r Assistent/in, Wirtschaftsinformatik-Assistent/in, Ingenieur-Assistent/in usw.).

Die Unterschiede zur normalen betrieblichen Ausbildung sind deutlich: größerer Anteil Theorie, längere Ausbildungsdauer und bessere Aufstiegsmöglichkeiten im Unternehmen aufgrund der qualifizierteren Ausbildung. Zu beachten ist außerdem die generell etwas höhere Ausbildungsvergütung (je nach Ausbildungsjahr in der Regel 450–800 Euro pro Monat, in der zweiten Stufe der Ausbildung, im dritten Jahr, kann die Vergütung auch bis zu 1300–1400 Euro betragen). Informationen über Unternehmen, die diese Ausbildungen anbieten, sind bei allen Arbeitsagenturen und Industrie- und Handelskammern erhältlich.

Viele Betriebe, die eine Sonderausbildung anbieten, sind auch auf einer CD-ROM mit Begleitheft verzeichnet, die im Buchhandel erworben oder direkt ab Verlag bestellt werden kann: Helmut E. Klein, *Abiturientenausbildung der Wirtschaft*, 2009. Recherchieren kann man auch auf der Homepage von großen Unternehmen. Als Faustregel gilt: Je größer ein Betrieb ist, desto eher bietet er eine solche Ausbildung an. Fast alle großen Betriebe verfügen über Sonderausbildungsgänge für Abiturienten.

Fit für die Führungsetage: Berufs- und Wirtschaftsakademien

Ebenfalls dem dualen Ausbildungssystem zuzurechnen ist die Ausbildung an einer Berufsakademie (BA) oder Wirtschaftsakademie (WA). Berufsakademien gibt es derzeit in Berlin, Hamburg, Hessen, Niedersachsen, im Saarland, in Sachsen, Schleswig-Holstein und in Thüringen. Die Ausbildungsregelungen und die angebotenen Fächer variieren von Standort zu Standort. Die Fächer umfassen folgende Bereiche:

- den technischen Bereich (Elektrotechnik, Maschinenbau, Mechatronik, Kunststofftechnik, Medizintechnik, Versorgungs- und Umwelttechnik u. Ä.),
- den Bereich Wirtschaft (Bankwirtschaft, Betriebswirtschaft, Handel, Steuern und Prüfungswesen u. Ä.),
- Informatik (Studienrichtungen etwa Angewandte Informatik/Softwareengineering und Wirtschaftsinformatik),
- an einigen Berufsakademien den Bereich Sozialwesen.

Während der gesamten dreijährigen Ausbildung stehen die Auszubildenden in einem vertraglichen Ausbildungsverhältnis mit einem Betrieb (an den folglich auch die Bewerbung zu richten ist) oder mit einer Sozialeinrichtung. Die Ausbildung erfordert Abitur und gute Noten. Sie führt in der Regel zum Abschluss Diplom (BA), je nach Studienrichtung etwa zum Diplom-Betriebswirt/in (BA), Diplom-Wirtschaftsingenieur/in (BA), Diplom-Wirtschaftsinformatiker/in (BA), Diplom-Sozialpädagoge/-pädagogin (BA) und zum Diplom-Sozialwirt/in (BA). Viele Berufsakademien verleihen auch den Abschluss Bachelor. Das Land Baden-Württemberg hat seinen acht Berufsakademien im Frühjahr 2009 den Hochschulstatus zuerkannt und sie unter der »Dualen Hochschule Baden-Württemberg« zusammengefasst. Ihre Abschlüsse sind akademische Grade, die das Weiterstudium an in- und ausländischen Hochschulen ermöglichen.

In einigen Ländern kann an der Berufsakademie bereits nach zwei Jahren ein erster berufsqualifizierender Abschluss erworben werden, z. B. Informatik-Assistent/in (BA), Ingenieur-Assistent/in (BA), Wirtschaftsassistent/in (BA), Wirtschaftsinformatikassistent/in (BA) oder Erzieher/in (BA).

Es gibt in Deutschland zwei Systeme bei der Berufsakademie-Ausbildung: nacheinander und parallel. Nacheinander heißt, erst folgt die praktische Berufsausbildung, anschließend die Ausbildung an der Berufs- bzw. Wirtschaftsakademie. Das zweite System verbindet Blöcke im Betrieb und an der Berufsakademie im Wechsel.

Hinter den Berufsakademien stehen in der Regel große Unternehmen, die sich auf diese Art und Weise ihren betrieblichen Führungsnachwuchs heranbilden.

Der Betrieb oder die Sozialeinrichtung zahlt für die gesamten drei Jahre eine Ausbildungsvergütung (zwischen 600 und 1200 Euro pro Monat, mit jedem Ausbildungsjahr ansteigend), also auch während der Studienphasen an der Berufsakademie, die man sich wie eine kleine Hochschule vorstellen kann (mit Bibliothek, Mensa, Wohnheimzimmern usw.).

Tipp

Die Ausbildung an einer Berufsakademie ist für viele Abiturienten eine interessante Alternative zum reinen Studium: zügig, praxisnah, bei Personalverantwortlichen in gutem Ansehen und zudem noch bezahlt.

Informationen zu Ausbildungen an einer Berufsakademie geben die Arbeitsagenturen, die im Kapitel »Sonderausbildungsgänge« genannte CD-ROM von Helmut E. Klein, *Abiturientenausbildung der Wirtschaft*, 2009, und das Kapitel über die Ausbildung an Berufsakademien in der Veröffentlichung *Studien- und Berufswahl*, die kostenlos über die Schulen verteilt wird. Im Internet steht für Informationen über duale Studiengänge das Portal unter *www.ausbildungplus.de* bereit.

Von den Berufsakademien kann man eine Liste der in einer Berufsakademie zusammengeschlossenen Betriebe anfordern oder die Listen der Betriebe auf der Homepage der Berufsakademie einsehen bzw. herunterladen. Die Bewerbungen sind dann nicht an die Berufsakademie, sondern direkt an die Betriebe zu richten, die dieser Berufsakademie angehören.

Auch hier gilt, was für alle Bewerbungen um einen Ausbildungsplatz Gültigkeit hat: Auf die gute Bewerbung kommt es an. Mindestens ein Jahr vor dem Abitur sollte man sich bewerben und eineinhalb Jahre vorher Informationen einholen.

Gegenwärtig gibt es die im Folgenden aufgeführten Berufsakademien, an die man sich auch direkt wenden kann, um zunächst mehr über die angebotenen Ausbildungsgänge zu erfahren. Die postalischen Adressen, Telefon- und Faxnummern für weitere Informationen und zur persönlichen Kontaktaufnahme für die Bewerbung erhält man auf der jeweils angegebenen Homepage.

Baden-Württemberg

Duale Hochschule Heidenheim
www.dhbw-heidenheim.de
info@dhbw-heidenheim.de

Duale Hochschule Karlsruhe
www.dhbw-karlsruhe.de
info@dhbw-karlsruhe.de

Duale Hochschule Lörrach
www.dhbw-loerrach.de
info@dhbw-loerrach.de

Duale Hochschule Mannheim
www.dhbw-mannheim.de
info@dhbw-mannheim.de

Duale Hochschule Mosbach
www.dhbw-mosbach.de
info@dhbw-mosbach.de

Duale Hochschule Mosbach
Außenstelle Bad Mergentheim
www.dhbw-mergentheim.de
info@dhbw-mergentheim.de

Duale Hochschule Ravensburg
www.dhbw-ravensburg.de
info@dhbw-ravensburg.de

Duale Hochschule Ravensburg
Außenstelle Friedrichshafen
www.dhbw-friedrichshafen.de
info@dhbw-friedrichshafen.de

Duale Hochschule Stuttgart
www.dhbw-stuttgart.de
info@dhbw-stuttgart.de

Duale Hochschule Stuttgart
Außenstelle Horb
www.dhbw-horb.de
info@dhbw-horb.de

Duale Hochschule
Villingen-Schwenningen
www.dhbw-vs.de
info@dhbw-vs.de

Berlin
Fachbereich Berufsakademie in der Hochschule
für Wirtschaft und Recht Berlin
www.hwr-berlin.de (Fachbereich 2 Berufsakademie)
info@hwr-berlin.de

Bremen
Akademie der Wirtschaft
www.bwu-bremen.de
akademie@bwu-bremen.de

Bildungszentrum der Wirtschaft im
Unterwesergebiet e.V.
Schillerstraße 10
28195 Bremen
Tel. 0421 / 36325-0

Hamburg
Wirtschaftsakademie Hamburg
www.wahamburg.de

Hessen
Hessische Berufsakademie
BA Gesellschaft mbH
www.ba-gruppe.de
info@hessische-ba.de

accadis Internationale Berufs-
akademie Bad Homburg
www.accadis.com
info@accadis.com

Studienakademie für Informatik
Bad Wildungen
www.ba-badwildungen.de
info@ba-nordhessen.de

Berufsakademie Rhein-Main
www.ba-rheinmain.net
info@ba-rm.de

Niedersachsen
Berufsakademie Göttingen
www.vwa.goettingen.de
info@vwa-goettingen.de

Berufsakademie Weserbergland e.V.
www.baw-hameln.de
info@baw-hameln.de

Berufsakademie für Bankwirtschaft
www.ba-bankwirtschaft.de
info@geno-verband.de

Leibniz-Akademie
www.leibniz-akademie.de
info@leibniz-akademie.de

Berufsakademie Ostfriesland e.V.
www.bao-leer.de
info@bao-leer.de

Berufsakademie Lüneburg
Verwaltungs- und Wirtschafts-
akademie Lüneburg e.V.
www.vwa-lueneburg.de
hoehne-ebert@vwa-lueneburg.de

Berufsakademie für IT und
Wirtschaft Oldenburg
www.ba-oldenburg.de
service@ba-oldenburg.de

WelfenAkademie
www.welfenakademie.de
info@welfenakademie.de

Berufsakademie Emsland e.V.
www.ba-emsland.de
ba@ba-emsland.de

Berufsakademie Holztechnik Melle
www.ba-melle.de
martin@ba-melle.de

Private Fachhochschule für
Wirtschaft und Technik
Vechta/Diepholz –
Fachhochschule und
Berufsakademie
www.fhwt.de
info@fhwt.de

Saarland

Akademie der Saarwirtschaft
www.asw-berufsakademie.de
info@asw-berufsakademie.de

BSA – Private Berufsakademie für
Fitness & Freizeit GmbH
www.private-ba.de und
www.dhfpg.de
info@dhfpg.de

Sachsen

Berufsakademie Sachsen –
Staatliche Studienakademie Bautzen
www.ba-bautzen.de
info@ba-bautzen.de

Berufsakademie Sachsen –
Staatliche Studienakademie
Breitenbrunn
www.ba-breitenbrunn.de
adm@ba-breitenbrunn.de

Berufsakademie Sachsen –
Staatliche Studienakademie Plauen
www.ba-plauen.de
info@ba-plauen.de

Berufsakademie Sachsen –
Staatliche Studienakademie Glauchau
www.ba-glauchau.de
info@ba-glauchau.de

Berufsakademie Sachsen –
Staatliche Studienakademie Riesa
www.ba-riesa.de
ltg@ba-riesa.de

Berufsakademie Sachsen –
Staatliche Studienakademie Dresden
www.ba-dresden.de
info@ba-dresden.de

Berufsakademie Sachsen –
Staatliche Studienakademie Leipzig
www.ba-leipzig.de
info@ba-leipzig.de

Schleswig-Holstein

Wirtschaftsakademie
Schleswig-Holstein
Berufsakademie Flensburg
www.berufsakademie.wak-sh.de
flensburg@wak-sh.de

Wirtschaftsakademie
Schleswig-Holstein
Berufsakademie Lübeck
www.wak-sh.de
info@wak-sh.de

Wirtschaftsakademie
Schleswig-Holstein
Berufsakademie Kiel
www.berufsakademie.wak-sh.de
info@wak-sh.de

Thüringen

Berufsakademie Thüringen –
Staatliche Studienakademie Eisenach
www.ba-eisenach.de
info@ba-eisenach.de

Berufsakademie Thüringen –
Staatliche Studienakademie Gera
www.ba-gera.de
info@ba-gera.de

Kombiausbildungen Theorie/Praxis beim Staat: Diplom-Verwaltungswirt/in

Auch im öffentlichen Dienst wird für Abiturienten eine besondere Ausbildung angeboten, für den sogenannten gehobenen Dienst, früher auch Inspektorenlaufbahn genannt. Die Ausbildung dauert drei Jahre (in Baden-Württemberg vier Jahre) und ist eingeteilt in praktische Berufsausbildung in der Behörde und Theorieunterricht. Bei der gehobenen Laufbahn wird anstelle des regelmäßigen Theorieunterrichts ein eineinhalbjähriges fachbezogenes Studium an einer Fachhochschule des Bundes (oder eines Bundeslandes) für Öffentliche Verwaltung (FHÖV) absolviert. Wie bei der Ausbildung an einer Berufsakademie erhalten die Auszubildenden während der gesamten Zeit eine Ausbildungsvergütung (etwa 800 bis 900 Euro). Am Ende der Ausbildung stehen nach bestandener Prüfung ein staatliches Zeugnis und ein Diplom zum/zur Diplom-Verwaltungswirt/in.

Neu ist, dass einige Bundesländer ihren Verwaltungsnachwuchs in einigen Bereichen (Bibliotheks- und Dokumentationsdienst, Forstdienst oder allg. Verwaltungsdienst) an »normalen« Fachhochschulen ausbilden und die verwaltungsinterne Ausbildung aufgegeben haben.

Die meisten Ausbildungen im Staatsdienst sind Verwaltungsausbildungen, die dazu qualifizieren, später als Sachbearbeiter/in in der Behörde (mit entsprechenden Aufstiegsmöglichkeiten bei Leistung) zu arbeiten. Man spricht deshalb auch vom nichttechnischen Dienst. Darüber hinaus gibt es – allerdings etwas seltener – auch einige technische Ausbildungen.

Verschiedenste Behörden bilden für den gehobenen Dienst aus: städtische Behörden, Kreisbehörden, Landesbehörden und Bundesbehörden. Die Ausbildungsplätze werden entweder in Tageszeitungen oder auf der Homepage der jeweiligen Behörde ausgeschrieben oder sind den Arbeitsagenturen bekannt. Sinnvoll ist auch eine Initiativbewerbung bei einer speziellen Behörde, von der man sich vorstellen könnte, später einmal dort zu arbeiten.

Die Ausbildung beim Staat ist eine interessante Alternative zum Studium und zu einer Berufsausbildung in der unternehmerischen Wirtschaft: überschaubare Ausbildungszeit, Mischung von Theorie und Praxis, anerkannter Abschluss, Ausbildungsvergütung und eine Option auf einen sicheren Arbeitsplatz im öffentlichen Dienst.

Interessenten sollten Informationsmaterialien bei der jeweiligen Behörde anfordern oder auf der Homepage der Behörde einsehen bzw. herunterladen und das Kapitel »Gehobener nichttechnischer Dienst« in *Studien- und Berufswahl* lesen.

Interessant, aber zum Teil sehr teuer: Berufsfachschulen

Für einige Berufe gibt es keine Lehre, keine Sonderausbildung und auch kein Studienfach. Für sie wird an Berufsfachschulen ausgebildet. Hierzu gehören vor allem verschiedene Assistentenberufe in der Medizin, therapeutischen Berufe, der Beruf des Heilpraktikers, Assistententätigkeiten im Hotel-, Gaststätten- und Fremdenverkehrsgewerbe, Fremdsprachenausbildungen (Europasekretär/in, Fremdsprachenkorrespondent/in u. Ä.) und diverse Schönheitsberufe.

Entweder sind hier Praxis und Theorie in einer Ausbildung zusammengefasst, oder an die theoretische Ausbildung schließt sich ein praktischer Kurs von einigen Wochen oder Monaten außerhalb der Berufsfachschule an.

Es gibt staatliche und (staatlich anerkannte) private Berufsfachschulen, die selbst die Prüfungen abnehmen oder in Kooperation mit einer staatlichen Stelle, und andere Berufsfachschulen, die auf eine bestimmte Abschlussprüfung hin ausbilden. Dies hat zwei Konsequenzen. Die Ausbildung an staatlichen und privaten Berufsfachschulen ist so aufgebaut, dass nach einem bestimmten Vollzeit-Lehrplan nach zwei bis vier Jahren die jeweilige Prüfung abgelegt werden kann.

Die anderen Berufsfachschulen hingegen vermitteln nur das Wissen, das für ein bestimmtes Examen benötigt wird. Sie geben aber keine Garantie dafür, dass die Prüfung bestanden wird. Dagegen haben Auszubildende zuweilen die Möglichkeit, den Stoff in kürzerer Zeit zu lernen, oder es werden für Berufstätige Wochenend- oder Fernkurse angeboten.

Eine Besonderheit der Berufsfachschule sind die klassischen medizinischen Berufe wie Gesundheits- und Krankenpfleger/in (früher Krankenschwester bzw.- pfleger), Hebamme, Orthoptist/in usw. Solche Berufsfachschulen sind an ein Krankenhaus oder eine Klinik angegliedert und zahlen ihren Schülern auch Ausbildungsvergütungen.

Ein wichtiger Unterschied sind die Kosten: Staatliche Berufsfachschulen verlangen normalerweise keine Ausbildungskosten, allenfalls müssen Arbeitsbekleidung oder Lernmittel selbst beschafft werden. Die privaten Berufsfachschulen verlangen Geld für die Ausbildung. Alles, was die Berufsfachschule nicht selbst zur Verfügung stellt, muss zusätzlich angeschafft werden. Auch für ihre Krankenversicherung sind die Teilnehmer selbst zuständig.

Wie hoch die Studiengebühren sind, hängt davon ab, ob die jeweilige Berufsfachschule staatliche Zuschüsse bekommt. Ohne Zuschüsse fallen pro Monat einige hundert Euro an, für eine dreijährige Ausbildung einschließlich Prüfungsgebühren und Unterrichtsmaterialien insgesamt 5000 bis zu 20 000 Euro. Für den Lebensunterhalt kann, wenn die Voraussetzungen vorliegen, bei einer Ausbildung in staatlich anerkannten Ausbildungsberufen eine Unterstützung nach dem Bundesausbildungsförderungsgesetz (BAföG) beantragt werden.

Aufgrund der Kostenfrage sind die staatlichen Berufsfachschulen attraktiver und erhalten auch meistens mehr Bewerbungen, als Ausbildungsplätze zur Verfügung stehen. Die Ausbildung an einer privaten Berufsfachschule muss nicht zwangsläufig schlechter sein als die an einer staatlichen. Sie kostet nur mehr Geld und unterliegt weniger strengen Kontrollen. Wer sich für eine solche Berufsfachschule interessiert, sollte die Angebote sehr gründlich vergleichen und Informationen über die Qualität einholen. Auch unter den Berufsfachschulen befinden sich manche graue und einige schwarze Schafe, die mehr am Profit als an einer soliden Ausbildung interessiert sind.

An Berufsfachschulen gibt es etwa folgende Ausbildungsmöglichkeiten: Altenpfleger/in, Assistent/in für das Hotel-, Gaststätten- und Fremdenverkehrsgewerbe, Assistent/in für Hotelmanagement, Chemisch-technische/r Assistent/in, Ergotherapeut/in, Fremdsprachenkorrespondent/in, Fremdsprachensekretär/in, Gesundheits- und Krankenpfleger/in, Gesundheits- und Kinderkrankenpfleger/in, Logopäde/Logopädin, Medizinische/r Dokumentar/in, Medizinisch-technische/r Assistent/in für Funktionsdiagnostik, Medizinisch-technische/r Laboratoriumsassistent/in, Medizinisch-technische/r Radiologieassistent/in, Pharmazeutisch-technische/r Assistent/in, Physikalisch-technische/r Assistentin, Physiotherapeut/in, Veterinärmedizinisch-technische/r Assistent/in.

Tipp
Weitere Informationen zu Berufsfachschulen sind bei den Berufsinformationszentren und auf der Homepage der Bundesagentur für Arbeit (*www.arbeitsagentur.de*) erhältlich. Wer unter *www.berufenet.arbeitsagentur.de* einen Beruf aufruft, erhält im Menü die Option, zu den jeweils ausbildenden Schulen weiterzugehen. Ansonsten kann online auf der Homepage der Bundesagentur für Arbeit in der Datenbank »KURSNET« recherchiert werden.

Praxis und Studium vereint: Duale Studiengänge

Eine Reihe von Unternehmen bildet ihren betrieblichen Führungsnachwuchs nicht nur an Berufsakademien aus, sondern arbeitet mit Fachhochschulen oder Universitäten (selten) zusammen und bietet an, eine Ausbildung in einem Lehrberuf parallel mit einem fachlich passenden Studium durchzuführen. Solche Kombiausbildungen, auch duale oder ausbildungsintegrierte Studiengänge genannt, umfassen vor allem die Bereiche Wirtschaft, Technik, Informatik und seit kurzem auch Gesundheits- und Pflegestudiengänge.

Obwohl es jeweils unterschiedliche Modelle gibt, sind sie nach einem ähnlichen System aufgebaut. Ein Unternehmen schließt einen Vertrag mit einer Hochschule, in der Regel einer Fachhochschule vor Ort. Manchmal sind auch mehrere Betriebe daran beteiligt. Der Betrieb übernimmt die praktische Ausbildung, und ein technischer oder betriebswirtschaftlicher Fachbereich der Hochschule übernimmt den theoretischen Teil, also das Studium. Es erfolgt eine Verzahnung der Ausbildungsinhalte, und die Ausbildungsdauer wird festgelegt. Es werden Ausbildungsverträge abgeschlossen, die auch eine Ausbildungsvergütung beinhalten. Gleichzeitig sieht der Vertrag eine Immatrikulation an der Hochschule von Ausbildungsbeginn an oder zu einem späteren Zeitpunkt vor.

Je nach Hochschule und Studienbereichen sind dann verschiedene Modelle erkennbar:

- *Parallele Ausbildung:* Der Student/Auszubildende pendelt zwischen dem Betrieb und der Hochschule. An ein, zwei oder drei Tagen pro Woche arbeitet er im Betrieb einschl. Berufsschule und studiert die andere Zeit an der Hochschule. Zuweilen ist das Studium auf den Nachmittag und auf den Samstag beschränkt. Nach etwa zwei bis zweieinhalb Jahren kann die Gesellenprüfung (Handwerk und Technik) oder die Gehilfenprüfung (kaufmännische Ausbildungen) abgelegt werden. Nach weiteren zwei bis drei Jahren kann das Studium dann mit einem Bachelor abgeschlossen werden.
- *Ausbildung nacheinander:* Erst erfolgt eine ganz normale Lehre, die nach zwei Jahren beendet wird, allerdings mit spezifischen theoretischen Kursen an der Hochschule. Darauf folgt ein Fachhochschulstudium, wobei ein Teil der vorherigen Ausbildung auf das Studium angerechnet wird.
- *Blockunterricht:* Alle sechs bis acht Wochen wechselt der Auszubildende an die Hochschule bzw. der Student wieder zurück in den Betrieb.
- *Auslandsaufenthalt:* Einige Ausbildungen sehen zusätzlich zur Berufsausbildung und zum Studium einen Auslandsaufenthalt vor, vermittelt durch den ausbildenden Betrieb oder durch die Fachhochschule.
- *Abschlüsse:* Nicht alle dualen Studiengänge sehen zwingend zwei Abschlüsse (Ausbildungsabschluss und Hochschulabschluss) vor. Der praktische Teil beschränkt sich dann auf mehrwöchige oder mehrmonatige Praktika in Unternehmen.

Die Ausbildungsdauer beträgt in der Regel einschließlich der beiden Abschlüsse dreieinhalb bis viereinhalb Jahre. Einige Betriebe erklären sich bereits vor der Ausbildung bereit, die Absolventen zu übernehmen oder sie bevorzugt einzustellen. Auch ohne eine solche Garantie oder Absichtserklärung ergeben sich für die Absolventen dieser kombinierten Ausbildungen gute berufliche Möglichkeiten.

Derzeit gibt es rund 330 duale Studiengänge an Fachhochschulen und Universitäten.

Die nachfolgende Übersicht präsentiert eine Auswahl dieser Ausbildungsgänge und nennt die Hochschule, den Standort und den Namen des jeweiligen Studiengangs. (Adressen der Hochschulen siehe S. 174 ff.)

Universität/Fachhochschule	Lehre verbunden mit einem Studium in dem Fach:
• Hochschule Augsburg	• Mechatronik
• Fachhochschule der Wirtschaft Bergisch Gladbach	• Betriebswirtschaft • Wirtschaftsinformatik
• Beuth Hochschule für Technik (vorher Technische Fachhochschule Berlin)	• Betriebswirtschaftslehre
• Evangelische Fachhochschule Berlin	• Nursing
• Fachhochschule Bochum	• Kooperative Ingenieurausbildung Bauingenieurwesen • Kooperative Ingenieurausbildung Elektrotechnik • Kooperative Ingenieurausbildung Informatik • Kooperative Ingenieurausbildung Maschinenbau • Kooperative Ingenieurausbildung Mechatronik
• Fachhochschule Brandenburg	• Gebäudesystemtechnik
• Fachhochschule Braunschweig/ Wolfenbüttel, Standorte Wolfsburg und Wolfenbüttel	• Augenoptik • Betriebswirtschaftslehre im Praxisverbund • Elektrotechnik • Energie- und Gebäudetechnik im Praxisverbund • Fahrzeugaufbauentwicklung im Praxisverbund • Fahrzeuginformatik/-elektronik • Fahrzeugtechnik • Industrieinformatik • Informatik im Praxisverbund • Logistik • Maschinenbau • Wirtschaftsingenieurwesen

Universität/Fachhochschule	Lehre verbunden mit einem Studium in dem Fach:
• Hochschule Bremen	• Betriebswirtschaftslehre • Informatik • Mechanical Production and Engineering • Mechatronik
• Hochschule für angewandte Wissenschaften – Fachhochschule Coburg	• Bauingenieurwesen
• Fachhochschule Dortmund	• Versicherungswirtschaft
• Universität Duisburg-Essen, Standort Duisburg	• Steel Technology and Metal Forming
• Nordakademie Elmshorn	• Betriebswirtschaftslehre • Wirtschaftsinformatik • Wirtschaftsingenieurwesen
• Universität Erlangen-Nürnberg	• Betriebswirtschaftslehre
• Fachhochschule Erfurt	• Bauingenieurwesen • Gebäude- und Energietechnik
• Fachhochschule für Ökonomie & Management, Standort Essen	• Business Administration • Informatik • Ingenieurwesen • Wirtschaftswissenschaft
• Frankfurt School of Finance & Management Frankfurt/M.	• Betriebswirtschaftslehre • Wirtschaftsinformatik
• Fachhochschule Frankfurt am Main	• Luftverkehrsmanagement – Aviation Management
• Fachhochschule Gelsenkirchen, Standort Gelsenkirchen	• Maschinenbau
• Fachhochschule Hannover	• Betriebswirtschaftslehre • Konstruktionstechnik • Produktionstechnik • Technischer Vertrieb • Wertschöpfungsmanagement im Maschinenbau
• Fachhochschule für die Wirtschaft Hannover	• Betriebswirtschaft

Universität/Fachhochschule	Lehre verbunden mit einem Studium in dem Fach:
• Hochschule Heilbronn	• Mechatronik und Mikrosystemtechnik
• Fachhochschule Hildesheim/ Holzminden/Göttingen, Standort Göttingen	• Adaptronik • Optical Engineering/Photonics • Physikalische Technologien • Präzisionsmaschinenbau
• Europa Fachhochschule Fresenius, Standort Idstein	• Ergotherapie • Logopädie • Physiotherapie
• Hochschule für angewandte Wissenschaften – Fachhochschule Ingolstadt	• Betriebswirtschaft • Elektro- und Informationstechnik • Fahrzeugtechnik • Maschinenbau • Wirtschaftsingenieurwesen
• Fachhochschule Südwestfalen, Standorte Iserlohn und Hagen	• Elektrotechnik • Kunststofftechnik • Maschinenbau • Mechatronische Systeme • Wirtschaftsingenieurwesen • Wirtschaftsrecht
• Hochschule Karlsruhe	• Maschinenbau
• Universität Kassel	• Landwirtschaft
• Fachhochschule Köln	• Bauingenieurwesen • Technische Chemie • Versicherungswesen
• Hochschule Ostwestfalen-Lippe, Standort Lemgo	• Angewandte Informatik • Betriebswirtschaftslehre • Elektrotechnik • Holztechnik • Logistik • Maschinentechnik • Mechatronik • Produktionstechnik • Technische Informatik • Wirtschaftsingenieurwesen

Universität/Fachhochschule	Lehre verbunden mit einem Studium in dem Fach:
• Fachhochschule Ludwigshafen am Rhein	• Business and International Programs (BIP) • Gesundheitsökonomie im Praxisverbund (GiP) • Weinbau und Oenologie Rheinland-Pfalz
• Fachhochschule Mainz	• Wirtschaftsinformatik
• Universität Magdeburg	• Informatik
• Hochschule Merseburg	• Wirtschaftsingenieurwesen
• Hochschule für angewandte Wissenschaften – Fachhochschule München	• Bauingenieurwesen • Elektrotechnik und Informationstechnik • Pflege
• Hochschule Neubrandenburg	• Bautechnik • Gesundheits- und Krankenpflege/Pflegewissenschaft
• Hochschule Niederrhein, Standorte Krefeld und Mönchengladbach	• Chemie und Biotechnologie • Chemieingenieurwesen • Elektrotechnik • Maschinenbau • Mechatronik • Textil- und Bekleidungstechnik • Verfahrenstechnik
• European Business School (ebs), Oestrich-Winkel	• Aviation Management
• Fachhochschule Osnabrück	• Betriebswirtschaftslehre • Kunststofftechnik im Praxisverbund • Maschinenbau im Praxisverbund • Wirtschaftsingenieurwesen (Master)

Universität/Fachhochschule	Lehre verbunden mit einem Studium in dem Fach:
• Fachhochschule der Wirtschaft Paderborn	• Business Administration • International Business • Wirtschaftsinformatik • Wirtschaftsrecht
• Hochschule Rosenheim	• Holzbau und Ausbau
• Universität des Saarlandes, Standort Saarbrücken	• Betriebswirtschaftslehre
• Fachhochschule Schmalkalden	• Elektrotechnik/Informationstechnik • Maschinenbau
• Universität Siegen	• Bauingenieurwesen • Elektrotechnik • Maschinenbau
• Fachhochschule Stralsund	• Maschinenbau
• Hochschule Ulm	• Fahrzeugtechnik • Industrieelektronik • Maschinenbau • Nachrichtentechnik • Produktionstechnik
• Fachhochschule Westküste, Standort Heide	• Betriebswirtschaftslehre
• Universität Wuppertal	• Bauingenieurwesen • Druck und Medientechnologie • Elektrotechnik • Maschinenbau
• Hochschule Zittau/Görlitz	• Bauingenieurwesen • Chemie • Elektrotechnik • Energie- und Umwelttechnik • Informatik • Ökologie und Umweltschutz • Maschinenbau • Mechatronik
• Westsächsische Hochschule Zwickau	• Kraftfahrzeugtechnik • Kraftfahrzeugelektronik • Maschinenbau

Tipp
Weitere Informationen über duale Studienangebote an Fachhochschulen und Universitäten auf der CD-ROM mit Begleitheft von Helmut E. Klein, *Abiturientenausbildung der Wirtschaft*, 2009, unter *www.ausbildungplus.de* und unter *www.studienwahl.de* (Pfad »Studium«, »Studiengang suchen«, dann unter »Studienform« im Scroll-Menü »Ausbildungsintegriert (Studium+Lehre)« wählen).

Für Anwendungsbezogene: Das Fachhochschulstudium

Die Fachhochschulen wurden vor etwa 40 Jahren mit dem Ziel eingerichtet, Personen mit einem mittleren Bildungsabschluss und praktischer Berufserfahrung ein kurzes berufsbezogenes Studium zu ermöglichen. Inzwischen ist ein Fachhochschulstudium aber auch bei Abiturienten beliebt. Das Fächerangebot umfasst die folgenden Bereiche: Ingenieurwesen, Wirtschaft, Architektur und Innenarchitektur, Sozialwesen, Gesundheits- und Pflegestudiengänge, Übersetzen und Dolmetschen, Land- und Forstwirtschaft, Gestaltung und Design.

Voraussetzung für ein Studium an einer Fachhochschule ist die allgemeine Hochschulreife, die fachgebundene Hochschulreife oder die Fachhochschulreife. Die meisten Studienfächer erfordern ein einschlägiges Praktikum von einigen Monaten bis zu einem Jahr, meistens vor dem Studium. Das Studium ist relativ straff organisiert, in Seminaren herrscht in der Regel Anwesenheitspflicht. Den Abschluss des Studiums bildet entweder ein Bachelor- und anschließend gegebenenfalls ein Mastergrad oder – diese Studiengänge laufen jedoch derzeit an den meisten Fachhochschulen aus – das Diplom (FH). Wer nach dem Master oder dem Diplom (FH) noch promovieren möchte, der muss auf eine Universität wechseln, denn an Fachhochschulen ist keine Promotion möglich.

Die Ausbildung an einer Fachhochschule orientiert sich stark an den praktischen Anforderungen im späteren Beruf. Dies ist sicher auch ein Grund dafür, dass Fachhochschulabsolventen den beruflichen Einstieg nach dem Studium im Durchschnitt schneller schaffen als Hochschulabsolventen, die von der sogenannten Sucharbeitslosigkeit nach dem Studium länger betroffen sind. Außerdem liegt die durchschnittliche Studiendauer an Fachhochschulen mit derzeit vier (bis viereinhalb) Jahren deutlich niedriger. Auch dies wird von Personalverantwortlichen gerne gesehen.

Wie an den Universitäten (s.u.) müssen seit 2006 in vielen Bundesländern Studiengebühren gezahlt werden, die in der Regel bei 500 Euro pro Semester liegen.

Bewerbungen für einen FH-Studienplatz erfolgen für die meisten Fächer direkt bei der Fachhochschule. Faustregel: Bewerbung etwa sechs Monate vor dem beabsichtigten Studienbeginn, entweder zum 1. September oder (gilt nur für einige Fächer) auch zum 1. März. Wer ein gestalterisches Fach studieren möchte, sollte mindestens eineinhalb Jahre vorher mit der Fachhochschule Kontakt aufnehmen.

Informationen zum Studienangebot der Fachhochschulen geben die Studienberatungen. Sie stehen für persönliche Beratungsgespräche zur Verfügung und verschicken auf Anfrage kostenlose Materialien. Beschreibungen der Studiengänge und Zulassungsbedingungen sind mittlerweile auf fast jeder Hochschul-Website zu finden.

Viele Angebote, doch teilweise überlaufen: Studium an einer wissenschaftlichen Hochschule

Das Studium an einer wissenschaftlichen Hochschule, worunter man Universitäten, Technische Hochschulen/Universitäten, Pädagogische Hochschulen, die Deutsche Sporthochschule Köln, Kirchliche und Theologische Hochschulen usw. versteht, zeichnet sich u.a. durch ein deutliches Übergewicht der theoretischen Ausbildung aus.

Praxisorientierte Lehrveranstaltungen sind in den meisten Fächern Mangelware. Auch sind weniger externe Praktika vorgeschrieben als an Fachhochschulen. Ein großer Vorteil liegt aber in der Breite des Fächerangebotes und damit auch der Möglichkeit, sich umfassend zu bilden. Eine großzügige Auswahl an möglichen (und teilweise auch vorgeschriebenen) Nebenfächern ist an fast allen Hochschulen gegeben. Der Studienalltag an einer wissenschaftlichen Hochschule bietet den Studierenden in der Regel mehr Freiraum und Gestaltungsmöglichkeiten als an einer Fachhochschule. Dies klingt für viele zunächst verlockend, birgt aber auch Gefahren. Wer Schwierigkeiten hat, ohne äußeren Druck selbstdiszipliniert zu lernen und regelmäßig zu arbeiten, muss damit rechnen, zu den etwa 70 000 Studierenden pro Jahr zu gehören, die ihr Studium abbrechen und ohne Examen die Hochschule verlassen.

Ein Studium an wissenschaftlichen Hochschulen schließt in der Regel mit dem Bachelor- und Mastergrad oder Staatsexamen ab. Diplomstudiengänge und Studiengänge mit Abschluss Magister Artium wurden in den letzten Jahren überwiegend auf das Bachelor-/Master-Studienmodell umgestellt. Hierbei wird – je nach Fach – der Bachelor/Master of Arts, der Bachelor/ Master of Science und der Bachelor/Master of Engineering verliehen.

Ein Sonderfall sind die Universitäten der Bundeswehr in München und Hamburg, die nur offen sind für Offiziere auf Zeit (die sich für mindestens 13 Jahre verpflichtet haben) oder Berufsoffiziere. Die Universitäten der Bundeswehr haben nur ein begrenztes Fächerangebot. Während des Studiums erhalten die Offiziere ihr Gehalt und können sorgenfrei studieren.

Wer einen Master, ein Diplom, einen Magister oder ein Staatsexamen mit sehr gutem Erfolg abgeschlossen hat (ein Bachelor reicht nur im Ausnahmefall), für den besteht die Möglichkeit zur Promotion, also der Erwerb eines Doktortitels. Der Berufseinstieg mit universitärem Abschluss ist nicht so einfach wie mit einem Fachhochschulzeugnis. Ist er jedoch erst einmal geschafft, sind die langfristigen Aufstiegsmöglichkeiten hingegen besser.

Finanzielles: Wurden bis 2006 Studiengebühren nur an privaten Hochschulen und an Hochschulen einzelner Bundesländer bei übermäßig langer Studienzeit gezahlt, werden jetzt von den Hochschulen vieler Bundesländer Studiengebühren von durchschnittlich 500 Euro pro Semester erhoben.

Für die Bewerbung gilt Ähnliches wie bei der Fachhochschule: ein halbes Jahr vor Studienbeginn bei der Hochschule oder bei der Zentralstelle für die Vergabe von Studienplätzen (ZVS; gilt nur für stark nachgefragte Studienfächer und etwa 40 weitere Studiengänge bundesweit und an Fachschulen in NRW). Für die meisten Studiengänge ist kein vorheriges Praktikum erforderlich (Ausnahme: Ingenieurfächer, Architektur, Informatik).

Um Informationen zu universitären Studiengängen zu erhalten, sollte man zuerst auf die Website der jeweiligen Universität gehen, die in der Regel eine Beschreibung ihrer Studiengänge und die Zulassungsbedingungen enthält, und sich bei der Zentralen Studienberatung informieren.

Für Hochbegabte: Studium Musik, Kunst, Sport

Das Studium an künstlerischen Hochschulen, zu denen Kunsthochschulen, Hochschulen für Film und Fernsehen oder für Schauspielkunst, Hochschulen für Gestaltung und die Musikhochschulen zählen, steht nur denjenigen offen, die eine besondere Begabung durch eine Aufnahmeprüfung nachweisen können. Diese Hochschulen bilden den künstlerischen bzw. den musikalischen Nachwuchs aus.

Die Kunsthochschulen als Teil der künstlerischen Hochschulen sind staatliche Hochschulen in den bildenden Fächern. Angeboten werden rein künstlerische Ausbildungen zum Maler, Grafiker, Bildhauer, für Gestaltung/Design und für angehende Architekten und Innenarchitekten. Mancherorts kann man auch Kunsterziehung für den Schuldienst studieren.

Die Hochschulen für Musik und/oder Theater bilden den künstlerischen Nachwuchs für Theater, Oper, Operette, Konzert, Musik- und Tanzschulen sowie Musiklehrer für den Schuldienst aus.

An der Kunsthochschule kann nur studieren, wer eine künstlerische Eignung durch Vorlage einer Mappe und Bestehen einer Aufnahmeprüfung nachweist. Musikhochschulen prüfen – je nach Studiengang – Gehör, Stimme und die Beherrschung eines Musikinstrumentes oder von mehreren Musikinstrumenten. Auch Basiskenntnisse der Musikgeschichte werden abgefragt.

An der Deutschen Sporthochschule Köln (es gibt nur die eine in Deutschland) studieren keine Sportasse, sondern angehende Sportwissenschaftler/innen und Sportjournalisten, Sportlehrer für den Schuldienst und, das ist der größte Teil, angehende Sporttrainer für die verschiedensten Sportarten. Die Ausbildung an der Deutschen Sporthochschule ist sowohl theoretisch wie auch praktisch ausgerichtet. Voraussetzung für das Studium ist eine Aufnahmeprüfung, die die körperliche und sportliche Eignung in Individual- und Mannschaftssportarten prüft. Wichtig ist, vielseitig sportlich begabt zu sein anstatt nur in einer Sportart ein Supertalent.

Interessenten für das Studium an Kunst- und Musikhochschulen sowie an der Deutschen Sporthochschule Köln sollten mindestens ein Jahr vor der geplanten Studienaufnahme mit der Bewerbung beginnen, da dort zwischen Bewerbung und Studienbeginn lange Vorlaufzeiten sind.

Die Alternative: Studium an einer privaten Hochschule

Es gibt mittlerweile in Deutschland mehrere private Universitäten und eine Reihe von privaten Fachhochschulen (siehe hierzu im Kapitel »Hochschulen in Deutschland«, S. 174 ff.). Bei den privaten Hochschulen scheiden sich noch die Geister. Für die einen sind es Orte, wo Sprösslinge von betuchten Bundesbürgern gegen entsprechende Geldzahlungen, sprich Studiengebühren, einen Studienabschluss erlangen können. Für die anderen sind private Hochschulen feine Kaderschmieden für künftige Eliten in Gesellschaft, Wirtschaft und Staat.

Private Hochschulen sind kein Refugium für geistige Tiefflieger; sie haben zum Teil sehr schwierige Aufnahmeprüfungen und wählen ihre Studierenden unter einer großen Zahl von Bewerbern aus. Auch wenn der Staat diese Hochschulen nicht finanziert, kontrolliert er ihr Angebot und ihre Leistungsfähigkeit. Private Hochschulen sind also nicht leistungsschwächer, aber in der Regel auch nicht leistungsstärker als die staatlichen Hochschulen. Der große Unterschied besteht darin, dass in den privaten Hochschulen die Betreuungsverhältnisse zwischen Lehrenden und Lernenden im Durchschnitt besser sind als in den staatlichen, somit eine intensivere Betreuung während des Studiums möglich ist.

Jedoch kann man dort nur gegen hohe Studiengebühren studieren, es sei denn, man gehört zu den wenigen, die ein Stipendium der Hochschule bekommen. Jährliche Studiengebühren von 6000 bis 12 000 Euro summieren sich im Laufe eines Studiums auf einen Betrag von 24 000 bis über 60 000 Euro. Teilweise können diese Studiengebühren über Kredite finanziert werden.

Von sehr wenigen Bereichen wie Unternehmensführung abgesehen, bieten die privaten Hochschulen nicht unbedingt bessere berufliche Chancen als die staatlichen Hochschulen. Durch die Vorteile der privaten Hochschulen (Arbeit in Kleingruppen, intensive Betreuung durch die Dozenten, Wechsel von Theorie und Praxis, Auslandsaufenthalte als Teil des Studiums und in der Regel kürzere Studienzeiten) sind die Einstiegschancen nach dem Studium aber recht gut.

Wen die hohen Studiengebühren nicht abschrecken, sollte also das Angebot der privaten Hochschulen sehr genau studieren und auch mit dem Angebot staatlicher Hochschulen vergleichen.

Fern der Heimat: Studieren im Ausland

In einem vereinten Europa und einer globalisierten Welt wird das Studium im Ausland künftig eine größere Rolle spielen. Die Idee ist verlockend: Wer möchte dem überlaufenen deutschen Hochschulsystem nicht gern den Rücken kehren, stattdessen ein anderes Land und ein anderes Ausbildungssystem kennenlernen, vorhandene Sprachkenntnisse verbessern und für den späteren Beruf wichtige Auslandserfahrungen sammeln?

Zwischen dem Wunsch und der Wirklichkeit klafft allerdings eine erhebliche Lücke. Weniger als ein Prozent der deutschen Abiturienten studiert im Ausland mit dem Ziel, dort ein komplettes Studium zu absolvieren. Die Ursachen hierfür sind eher banaler Art. Auch viele andere Länder klagen über überlaufene Hochschulen und erschweren die Zugänge für Ausländer. Meist reicht das deutsche Abitur nicht aus, um zum Studium zugelassen zu werden. Vor dem Studienbeginn steht eine Aufnahmeprüfung, die häufig auch zwei Drittel der Einheimischen nicht bestehen. Bereits für die Bewerbung ist es unabdingbar, die entsprechenden Kenntnisse der Landessprache nachzuweisen. Die meisten ausländischen Hochschulen erheben im Vergleich zu Deutschland sehr hohe Studiengebühren. Stipendien sind meistens auf die einheimischen Studierenden begrenzt. Staatliche Unterstützung gibt es nur dann, wenn ein Fach studiert wird, das es in Deutschland in dieser Form nicht gibt.

Viele bürokratische Hürden müssen überwunden werden, angefangen von der Bewerbung über die Aufenthaltserlaubnis für das Zielland bis hin zur Anerkennung des ausländischen Studienabschlusses in Deutschland.

Aus diesem Grund praktizieren viele Studierende ein anderes System. Sie studieren an der deutschen Hochschule vier Semester (schließen also das Grund-/Basisstudium ab), gehen anschließend für ein Jahr an eine ausländische Hochschule, kehren danach nach Deutschland zurück und machen hier Examen. Dies reduziert die Kosten, da nur für einen befristeten Aufenthalt Studiengebühren anfallen. Zudem besteht die Möglichkeit, sich für eines der vielen Auslandsprogramme bei deutschen Organisationen zu bewerben, die Stipendien für ein befristetes Auslandsstudium vergeben (häufig auch die Studiengebühren übernehmen) und sich vor Ort um die Dinge kümmern, die ansonsten selbst organisiert werden müssen.

Eine interessante Alternative sind international oder zweisprachig ausgerichtete Studiengänge in Deutschland, die in der Regel einen Auslandsaufenthalt und/oder Auslandspraktika in ihr Studienprogramm einschließen.

Ausbildungswege in der Übersicht

Ausbildung	Betriebliche Ausbildung	Sonderausbildungsgänge der Wirtschaft	Berufsakademien	Öffentlicher Dienst
Lernort	Betrieb und Berufsschule	Betrieb und Berufsschule	Betrieb oder Sozialeinrichtung und Berufsakademie (BA) oder Wirtschaftsakademie (WA)	Behörde und Fachhochschule für Öffentliche Verwaltung (FHÖV)
Dauer	2–3,5 Jahre	2–3 Jahre	3 Jahre	3 Jahre
Status während der Ausbildung	Auszubildende/r	Auszubildende/r	Auszubildende/r	Beamtenanwärter/in
Abschluss	Geselle/in (Handwerk); Gehilfe/in (Industrie und Handel)	Assistent/in	Diplom (BA bzw. WA), Bachelor	Diplom-Verwaltungswirt/in
Berufsfelder	Industrie, Handel, Handwerk, öffentlicher Dienst; rd. 350 anerkannte Ausbildungsberufe	Industrie, Handel	Wirtschaft, Technik, Sozialwesen	Öffentlicher Dienst, Verwaltung
Theorie-Praxis-Verhältnis	Praxisorientierte Ausbildung im Betrieb; Theorie wird an 1 bis 2 Wochentagen an der Berufsschule vermittelt (oder in Blockform); Verhältnis: etwa 25:75	Praktische Ausbildung im Betrieb, Theorie in speziellen Klassen der Berufsschule, zusätzliche Lehrgänge innerhalb des Betriebes; Verhältnis: ca. 35:65	Praktische Ausbildung im Betrieb und theoretische an der Berufsakademie, entweder nacheinander oder in Blöcken; kombinierte Praxis-/Studienausbildung; Verhältnis: 50:50	Praktische Ausbildung in den jeweiligen Behörden; theoretisches Studium an einer Fachhochschule für Öffentliche Verwaltung; Verhältnis: 50:50
Schulabschluss	Rechtlich kein besonderer Schulabschluss vorgeschrieben; faktisch ist für die beliebtesten Berufe mind. mittlere Reife erforderlich	Allgemeine Hochschulreife, z.T. Fachhochschulreife	Allgemeine Hochschulreife, selten Fachhochschulreife	Gehobener Dienst: Fachhochschulreife oder allgemeine Hochschulreife
Finanzielles	Ausbildungsvergütung (je nach Beruf und Ausbildungsjahr zwischen 300 und 1000 Euro)	Ausbildungsvergütung (etwa 450–800 Euro)	Ausbildungsvergütung (600–1200 Euro, auch während des Studiums an der BA)	Anwärterbezüge (ca. 450–800 Euro, auch während des Studiums an der FHÖV)

Berufsfachschule	Duales Studium	Fachhochschulen	Wissenschaftliche Hochschulen
Berufsfachschule	Betrieb, Berufsschule und Fachhochschule (Universität selten)	Fachhochschule	Universitäten, Technische Hochschulen/Universitäten, Pädagogische Hochschulen, Kunst-, Musikhochschulen u.a.
Unterschiedlich, je nach Ausbildung 2–4 Jahre	ca. 3,5–4,5 Jahre	Bachelor: 3,5–4 Jahre, Master: plus weitere 1,5–2 Jahre	5–6 Jahre, Bachelor: mind. 3 Jahre, Master: plus weitere 2 Jahre nach dem Bachelor
Fachschüler/in o. Ä.	Auszubildende/r und Student/in	Student/in	Student/in
diverse Abschlüsse möglich	Abschluss des Lehrberufs und Bachelor	Bachelor Master Diplom (FH)	Bachelor Master Diplom Magister Staatsexamen Promotion
Gesundheitsberufe, verschiedene Assistentenberufe, Schönheitsberufe, Büroberufe mit Fremdsprachen	Ingenieurwesen, Wirtschaft, Informatik, einzelne Gesundheitsberufe	Ingenieurwesen, Wirtschaft, Informatik, Sozialwesen, Land- und Forstwirtschaft, Architektur/Design	Natur-, Ingenieur-, Geistes-, Sozial-, Rechts-, Wirtschaftswissenschaften, Medizin, Sport, Kunst, Musik
Unterschiedlich, aber die Praxis überwiegt meistens	Verhältnis: 50 :50	Mehr praxisorientierte Lerninhalte sowie vorgeschriebene externe Praktika; Verhältnis: je nach Fach ca. 70:30 oder 60:40	u.a. theoretisch-wissenschaftliche Ausbildung; wenig praxisorientiert, nur in wenigen Fächern Praktika vorgeschrieben; Verhältnis (für die meisten Fächer): 90:10
Meistens mittlere Reife, bei einigen auch Hauptschulabschluss ausreichend	Mind. Fachhochschulreife, besser allgemeine Hochschulreife oder fachbezogene Hochschulreife	Fachhochschulreife, allgemeine Hochschulreife, fachgebundene Hochschulreife, Praktikum meistens vorgeschrieben	Allgemeine Hochschulreife, fachgebundene Hochschulreife
Häufig fallen Ausbildungskosten und Gebühren an. Evtl. BAföG-Anspruch	Ausbildungsvergütung im jeweiligen Lehrberuf während der zweijährigen Lehre, dann Vergütung bis zum Abschluss des Studiums in unterschiedlicher Höhe, Studiengebühren werden ggf. in der Regel von den Betrieben übernommen	z.T. Studiengebühren; evtl. BAföG (max. 648 Euro im Monat)	z.T. Studiengebühren; evtl. BAföG (max. 648 Euro im Monat)

Die richtige Entscheidung treffen

Test 1: Berufliche Ausbildung oder Studium?

Eine wichtige Entscheidung ist: Soll ich nach dem Abitur direkt studieren oder (erst einmal) eine berufliche Ausbildung machen? Bei der Beantwortung hilft Ihnen folgender Test.

Er besteht aus insgesamt 20 Fragen. Sie müssen sich jeweils zwischen zwei Antworten (A oder B) entscheiden.

Für die Bearbeitung sollten Sie etwa 25–30 Minuten benötigen. Wichtig ist, dass Sie sich immer für eine Möglichkeit entscheiden. Falls Sie unsicher sind, ob Sie A oder B ankreuzen sollen, nehmen Sie bitte die Antwort, die Ihrer Entscheidung am nächsten kommt. Der Test basiert auf der richtigen Selbsteinschätzung und kann Ihnen nur eine Hilfe sein, wenn Sie die Fragen ehrlich beantworten.

1. Frage

A. Ich fühle mich eher zur Theorie als zur Praxis hingezogen. ☐
B. Praktisches Arbeiten ziehe ich der Theorie jederzeit vor. ☐

2. Frage

A. Die meisten Dinge erledige ich, ohne dass mich jemand dazu auffordern muss. ☐
B. Ich brauche schon einen gewissen Druck von außen. ☐

3. Frage

A. Ich möchte nach der Schule schnell finanziell unabhängig werden. ☐
B. Geld kann ich auch später noch verdienen. ☐

4. Frage

A. Es macht mir Spaß, Dinge ohne Anleitung zu erarbeiten. ☐
B. Mir ist es lieber, wenn mir jemand sagt, wie etwas geht. ☐

5. Frage

A. Eine Ausbildung ohne ein Hochschulexamen ist mir persönlich zu wenig. ☐

B. Nicht auf den Titel kommt es an, sondern auf eine gute Berufsausbildung. ☐

6. Frage
A. Meine künftige Ausbildung sollte mehr als eine Berufsausbildung sein. ☐
B. Ich möchte primär das, was ich für den späteren Beruf brauche, erlernen. ☐

7. Frage
A. Wenn ich eine Aufgabe lösen muss, verlasse ich mich lieber auf mich selbst. ☐
B. Ich lasse mir erklären, wie ich darangehen soll, bevor ich es falsch mache. ☐

8. Frage
A. Karriere ist mir ziemlich wichtig. ☐
B. Zufriedenheit im Beruf ist mir wichtiger als Karriere und Stress. ☐

9. Frage
A. Mich faszinieren Aufgaben, die theoretische Arbeit erfordern. ☐
B. Grau ist alle Theorie. ☐

10. Frage
A. Ich könnte mir vorstellen, mich mit wissenschaftlichen Themen zu beschäftigen. ☐
B. Wissenschaftliche Themen finde ich wenig interessant. ☐

11. Frage
A. Ich bin vom vielen Lernen erst mal bedient. ☐
B. Lernen würde mir weiterhin Spaß machen. ☐

12. Frage
A. Wenn ich etwas nicht verstanden habe, lasse ich es mir noch einmal erklären. ☐
B. Ich setze mich selbst daran, bis ich es verstanden habe. ☐

13. Frage
A. Ich schätze mich eher als jemanden ein, der an vielen Dingen Interesse hat. ☐
B. Ich konzentriere mich eher auf einige wenige Bereiche, die mich interessieren. ☐

14. Frage
A. Ich bin der Meinung, dass man sein Wissen ständig erweitern muss. ☐
B. Nichts gegen viel Wissen, aber man kann es auch übertreiben. ☐

15. Frage
A. Ich möchte so viel wie möglich lernen und wissen. ☐
B. Es kommt nicht auf die Menge an, sondern darauf, was für den Beruf wichtig ist. ☐

16. Frage
A. Ich lerne am besten unter guter Anleitung. ☐
B. Ich lerne am besten allein oder in einer kleinen Gruppe. ☐

17. Frage
A. Während der Ausbildung will ich geregelte Arbeitszeiten und am Wochenende frei. ☐
B. Ich habe auch kein Problem mit ungeregelten Zeiten. ☐

18. Frage
A. Um etwas richtig zu verstehen, muss man viel nachdenken. ☐
B. Wichtiger als viel nachdenken ist, dass man die Sache im Griff hat. ☐

19. Frage
A. Ich bin bereit, Dinge zu lernen, die keinen Spaß machen, wenn es nicht anders geht. ☐
B. Es gibt nichts Uninteressantes, man muss nur lernen wollen. ☐

20. Frage
A. Ich eigne mir gerne Wissen aus Büchern an. ☐
B. Wissen kann man sich auch auf andere Art aneignen. ☐

Berechnung
Bitte notieren Sie die Punkte anhand Ihrer angekreuzten Kästchen und zählen Sie sie anschließend zusammen.

Frage	A	B	Punkte
1.	1	3	
2.	1	2	
3.	3	2	
4.	1	3	
5.	2	3	
6.	1	2	
7.	1	3	
8.	1	2	
9.	1	3	
10.	1	3	
11.	2	1	
12.	3	1	
13.	1	2	
14.	2	3	
15.	1	3	
16.	3	2	
17.	3	2	
18.	1	3	
19.	2	1	
20.	1	2	
Gesamtpunktzahl:			

Auswertung: Berufliche Ausbildung oder Studium?
Über 50 Punkte:
Sie sind in allererster Linie an einer sehr schnellen Ausbildung und an einem baldigen Berufseinstieg interessiert. Die Vorstellung von einem langen Studium, finanzieller Abhängigkeit und unsicheren Arbeitsmarktperspektiven erschreckt Sie. Ihre Antworten lassen darauf schließen, dass Sie ohne großen Aufwand Ihr Abitur geschafft haben oder schaffen werden und dass Sie (vorerst) genug haben von der Schule und vom Lernen. Sie halten nicht viel von Theorie und mühsamem Pauken im Studium, vielem Lesen und von Dingen, die aus Ihrer Sicht nicht wichtig sind. Lassen

Sie auf alle Fälle erst einmal die Finger von einem Studium und konzentrieren Sie sich auf eine berufliche Ausbildung. Eine Lehre bietet Ihnen die Möglichkeit, in zwei bis zweieinhalb Jahren einen berufsqualifizierenden Abschluss zu erlangen und in den Beruf einzusteigen. Sollten Sie später noch einmal Lust auf ein Studium bekommen, steht Ihnen dieser Weg jederzeit offen. Bei der Wahl der richtigen Ausbildung sollten Sie besonderen Wert darauf legen, dass diese mit Ihren Vorstellungen übereinstimmt, sonst werden Sie schnell unzufrieden und brechen die Ausbildung möglicherweise ab.

Weiteres Vorgehen: In folgendem Buch werden betriebliche Ausbildungsberufe umfassend vorgestellt: *Beruf aktuell* (gibt's bei der Arbeitsagentur). Auch werden Ausbildungsberufe sehr gut in der Arbeitsagentur-Datenbank unter *www.berufenet.arbeitsagentur.de* beschrieben. Nutzen Sie außerdem die persönlichen Beratungs- und Informationsmöglichkeiten der Arbeitsagentur.

Informieren Sie sich auch noch näher über die Sonderausbildungsgänge für Abiturienten, über die Ausbildungsmöglichkeiten im öffentlichen Dienst und über Ausbildungen an Berufsfachschulen.

45–50 Punkte:

Sie sind an einer schnellen Ausbildung und an einem schnellen Berufseinstieg interessiert. Die Vorstellung von einem langen Studium, finanzieller Abhängigkeit und einer unsicheren Arbeitsmarktentwicklung ist für Sie keine Perspektive. Ihre Antworten lassen darauf schließen, dass Sie (vorerst) genug haben von der Schule und vom Lernen. Sie halten wenig von Theorie und mühsamem Pauken im Studium, vielem Lesen und von Dingen, die aus Ihrer Sicht nicht so wichtig sind. Lassen Sie auf alle Fälle erst einmal die Finger von einem Studium und konzentrieren Sie sich auf eine berufliche Ausbildung. Eine Lehre bietet Ihnen die Möglichkeit, in zwei bis zweieinhalb Jahren einen berufsqualifizierenden Abschluss zu erlangen und in den Beruf einzusteigen. Sollten Sie irgendwann noch einmal Lust auf ein Studium bekommen, steht Ihnen dieser Weg jederzeit offen. Bei der Wahl der richtigen Ausbildung sollten Sie Wert darauf legen, dass diese mit Ihren Vorstellungen übereinstimmt.

Weiteres Vorgehen: In folgendem Buch sind die betrieblichen Ausbildungsberufe sehr gut beschrieben: *Beruf aktuell* (gibt's bei der Arbeitsagentur). Auch können Beschreibungen von Ausbildungsberufen in der

Arbeitsagentur-Datenbank unter *www.berufenet.arbeitsagentur.de* eingesehen werden. Nutzen Sie außerdem die persönlichen Beratungs- und Informationsmöglichkeiten der Arbeitsagentur.

Informieren Sie sich auch noch näher über die Sonderausbildungsgänge für Abiturienten, über die Angebote der Berufs- und Wirtschaftsakademien, duale Studiengänge, die Ausbildungsmöglichkeiten im öffentlichen Dienst und über Ausbildungen an Berufsfachschulen.

40–44 Punkte:

Ihr Interesse ist eher auf eine zügige Ausbildung und auf einen Beruf ausgerichtet, der Ihren Vorstellungen entspricht. Aus diesem Grund tendieren Ihre Überlegungen in Richtung einer Berufsausbildung. Für Sie könnten auch ein Sonderausbildungsgang der Wirtschaft oder eine Ausbildung des öffentlichen Dienstes, ggf. auch das Angebot der Berufsakademien oder ein dualer Studiengang von Interesse sein. Ein Studium direkt nach dem Abitur sollten Sie sich gut überlegen. Ihre Antworten, vor allem zu den zentralen Fragen Ausbildungsdauer, Berufsorientierung, Wissenschaft, Theorie usw., lassen darauf schließen, dass Sie eher an einer Berufsausbildung interessiert sind.

Weiteres Vorgehen: In folgendem Buch sind die betrieblichen Ausbildungsberufe sehr gut erläutert: *Beruf aktuell* (gibt's bei der Arbeitsagentur). Nutzen Sie außerdem die Arbeitsagentur-Datenbank unter *www.berufenet.arbeitsagentur.de* und die persönlichen Beratungs- und Informationsmöglichkeiten der Arbeitsagentur.

Lesen Sie noch einmal die Ausführungen auf den Seiten 19–34 und studieren Sie gründlich die Tabelle auf den Seiten 35–39. Nachdem Sie den Test »Fachhochschul- oder Universitätsstudium?« gemacht haben, sehen Sie sich auch die Ausführungen über das Fachhochschulstudium und seine Vorteile (S. 40 f.) noch einmal an.

35–39 Punkte:

Ihre Entscheidung wird recht schwer, weil Sie sowohl an einem Studium als auch an einer Berufsausbildung interessiert sind. Falls Sie sich die Entscheidung erleichtern möchten, wählen Sie vielleicht den dritten Weg, erst eine Berufsausbildung und dann ein Studium. Dies wird mittlerweile von rund einem Drittel aller Abiturienten so gemacht. Allerdings sollten Sie dabei die Zeit nicht aus den Augen verlieren: Abitur mit

19 oder 20 Jahren, Dienstableistung (Wehr- oder Zivildienst), mindestens zwei Jahre Lehre und anschließend in der Regel fünf bis sechs Jahre Studium.

Dieses System bietet viele Vorteile: Man ist reifer, wenn man mit dem Studium beginnt, findet leichter einen Ferienjob oder einen Job neben dem Studium, studiert normalerweise zielstrebiger und ist auch für Arbeitgeber wegen der Doppelqualifikation attraktiver. Doch Vorsicht: Die Lehre sollte in einem inhaltlichen Verhältnis zum Studium stehen. Außerdem sollte man wirklich Interesse an der Ausbildung haben. Eine Berufsausbildung nur deshalb zu machen, um eine Ausbildung zu haben, macht wenig Sinn.

Sie sollten eventuell auch ein Studium in Erwägung ziehen und den nächsten Test, bei dem es um die Beantwortung der Frage »Fachhochschul- oder Universitätsstudium?« geht, gründlich machen. Sehen Sie sich auch einmal eine Fachhochschule und eine Universität und deren Unterschiede vor Ort an.

30–34 Punkte:
Sie scheinen ein/e geeignete/r Kandidat/in für ein Studium zu sein. Weder die Theorie im Studium, die lange Studiendauer oder die finanzielle Abhängigkeit noch die Arbeitsmarktperspektiven, überfüllte Hörsäle und lange Reihen von noch zu lesenden Büchern schrecken Sie ab. Ganz im Gegenteil. Wenn Ihre Einschätzung stimmt, verfügen Sie auch über all die anderen Voraussetzungen, die man für ein Studium braucht, wie Fleiß, weitgehend selbstständiges Arbeiten, Bereitschaft, auch mal abends oder am Wochenende zu arbeiten, die Fähigkeit zu logischem Denken, Interesse an wissenschaftlichen Fragen und vieles mehr.

Ob ein Fachhochschulstudium oder ein Universitätsstudium Ihren Interessen eher entspricht, erfahren Sie im nächsten Test.

Weniger als 30 Punkte:
Sie scheinen der ideale Kandidat/die ideale Kandidatin für ein Studium zu sein. Jeder Professor wünscht sich Studenten mit Ihren Vorstellungen. Weder die Theorie im Studium, die gegenüber einer Berufsausbildung längere Studiendauer oder die finanzielle Abhängigkeit noch die Arbeitsmarktperspektiven, überfüllte Hörsäle und lange Reihen von noch zu lesenden Büchern können Sie abschrecken. Wenn Ihre Einschätzung

stimmt, verfügen Sie auch über all die anderen Voraussetzungen, die man für ein Studium braucht, wie Fleiß, selbstständiges Arbeiten, Bereitschaft, auch mal abends oder am Wochenende zu arbeiten, die Fähigkeit zu logischem Denken, Interesse an Wissenschaft und vieles mehr. Sie sollten an einer Universität studieren, und dies bald und ohne Umwege. Bearbeiten Sie vorher aber noch den nächsten Test.

Wenn Sie sich jetzt noch immer nicht sicher sind, ob Studium oder berufliche Ausbildung, sollten Sie sich die Argumente für und gegen ein Hochschulstudium vor Augen führen.

Nachteile des Studiums:

- Ein Studium, vor allem wenn man es mit einem Master, Staatsexamen, Magister oder Diplom abschließt, dauert länger als eine berufliche Ausbildung. Ein kombiniertes Bachelor-/Masterstudium an Fachhochschulen und Universitäten dauert fünf bis sechs Jahre, ebenso ein Staatsexamens-, Master- oder Diplomstudiengang an Universitäten.
- Daraus folgt, dass man frühestens Mitte zwanzig, häufig erst Ende zwanzig in den Beruf eintritt.
- Eigenes Geld verdient man erst mehrere Jahre später als bei den übrigen Ausbildungen.
- Die meisten Studienfächer bieten jedoch keine Garantie, später eine gut bezahlte leitende Tätigkeit zu finden.
- Viele Studienfächer sind stark theoriebezogen und bereiten nicht auf eine konkrete Berufstätigkeit vor.
- Das Risiko, nach vier bis sieben Jahren ohne Examen dazustehen, ist groß. Etwa 25 bis 30 Prozent schaffen ihren Studienabschluss nicht oder brechen das Studium (aus verschiedenen Motiven) ab.

Dagegen stehen die Argumente, die für ein Studium sprechen:

- Durch die lange Ausbildung erwirbt man eine hohe Allgemeinbildung und vielfältige berufliche Qualifikationen.
- Akademiker brauchen (zumindest statistisch) Arbeitslosigkeit etwas weniger zu fürchten als Nichtakademiker.
- Akademiker verdienen durchschnittlich etwa 30–50 Prozent mehr als Nichtakademiker.
- Hochschulabsolventen haben bessere Aufstiegsmöglichkeiten.

- Für immer mehr berufliche Tätigkeiten, die früher von Nichtakademikern ausgeübt wurden, wird mittlerweile oder in absehbarer Zukunft ein Hochschulstudium erwartet.
- Akademische Titel, zum Beispiel ein Diplom oder der Doktortitel, haben im gesellschaftlichen Ansehen immer noch einen hohen Stellenwert.
- Das Studium bietet die Möglichkeit, die Ausbildung frei von einer Reihe von Zwängen selbst zu gestalten.

Es gibt also offenbar ebenso gute Gründe für wie gegen ein Hochschulstudium. Betrachten wir diese Argumente pro und contra aber noch einmal genauer, fällt auf, dass es gar keine objektiven, sondern subjektive Gründe sind, die letzten Endes für oder gegen ein Hochschulstudium sprechen: Für den einen ist ein Argument absolut vorrangig, für den anderen vielleicht völlig uninteressant. Hier werden also Fragen der persönlichen Vorstellungen und Ziele angesprochen.

Dabei sollten Sie folgende Überlegungen mit einbeziehen:

- Bin ich eher für eine theoretische oder für eine praktische Ausbildung geeignet?
- Möchte ich eine schnelle Ausbildung, in Kürze eigenes Geld verdienen und möglichst früh finanziell unabhängig sein?
- Oder bin ich bereit, auch eine längere Ausbildung mit unsicherem Ausgang zu durchlaufen, die mich noch eine Reihe von Jahren finanziell abhängig macht und bei der ich unter Umständen erst in sieben oder acht Jahren Geld verdiene?
- Welchen Stellenwert hat für mich der berufliche Aufstieg mit all seinen Vor- und Nachteilen (lange Arbeitszeiten, hohe Verantwortung, weniger Freizeit als andere)?
- Was bedeuten für mich akademische Titel?
- Wie stelle ich mir meine weitere Lebensplanung (z. B. Heirat, Familie) vor?

Test 2: Fachhochschul- oder Universitätsstudium?

Wenn der erste Test bei Ihnen eine Orientierung hin zum Studium ergeben hat, dann können Sie in diesem Test erfahren, wofür Sie eher geeignet sind, für ein wissenschaftliches Studium an einer Universität oder ein anwendungsbezogenes Studium an einer Fachhochschule.

Wenn der erste Test eher eine Orientierung zu einer beruflichen Ausbildung ergeben hat, dann sollten Sie diesen Test dennoch machen, um eine breitere Basis für Ihre Entscheidung zu bekommen. In diesem Fall wird der Test wahrscheinlich eine Priorität für ein FH-Studium ergeben. Dann stehen Sie vor der Wahl berufliche Ausbildung oder FH-Studium und sollten die Ausführungen zur beruflichen Ausbildung und zum Fachhochschulstudium auf den Seiten 20 ff. und 40 f. noch einmal sehr gründlich durchlesen.

Dieser Test ist wichtig, um Klarheit über den passenden Hochschultyp zu erhalten. Zudem hilft er auch all denjenigen, die ein Fach studieren wollen, das man sowohl an Fachhochschulen als auch an Universitäten studieren kann.

Derzeit entscheiden sich etwa 73 Prozent aller Abiturienten für ein Universitätsstudium (oder ein vergleichbares wissenschaftliches Studium) und 27 Prozent für ein Studium an der Fachhochschule.

Der folgende Test besteht aus insgesamt 20 Fragen. Es stehen immer zwei Antworten (A und B) zur Auswahl. Bitte kreuzen Sie deshalb immer nur eine Antwort an. Falls Sie unsicher sind, ob Sie A oder B ankreuzen sollen, nehmen Sie bitte die Antwort, die Ihrer Entscheidung am nächsten kommt.

Für die Bearbeitung sollten Sie etwa 20 Minuten benötigen.

1. Frage

A. Ich würde lieber etwas Neues erfinden. ☐

B. Ich würde lieber etwas Bestehendes verbessern. ☐

2. Frage

A. Wenn ich keinen äußeren Druck habe, tue ich wenig oder nichts. ☐

B. Ich kann jederzeit auch ohne äußeren Druck selbstdiszipliniert arbeiten. ☐

3. Frage

A. Bei Problemlösungen reizen mich ungewöhnliche Ideen oder neuartige Theorien. ☐

B. Bei Problemlösungen greife ich lieber auf bewährte Methoden zurück. ☐

4. Frage

A. Über schwierige Themen in Philosophie oder Naturwissenschaften denke ich gerne nach. ☐

B. Diese Themen liegen mir eher fern. ☐

5. Frage

A. Eine Ausbildung ohne einen Universitätsabschluss oder einen Doktortitel ist mir zu wenig. ☐

B. Nicht auf den Abschluss kommt es mir an, sondern auf ein berufsorientiertes Studium. ☐

6. Frage

A. Ich möchte das lernen, was man für den Beruf braucht, und vielleicht ein wenig aus den Nachbargebieten. ☐

B. In meiner künftigen Ausbildung möchte ich mehr lernen als nur Berufswissen. ☐

7. Frage

A. Wenn ich eine Aufgabe lösen muss, verlasse ich mich lieber auf mich selbst. ☐

B. Ich frage eher jemanden, wie er oder sie darangehen würde. ☐

8. Frage

A. Ich möchte gerne eine »Spitzenkarriere« machen. ☐

B. Karriere ist nicht unwichtig, aber auch nicht das Wichtigste. ☐

9. Frage

A. Ich löse am liebsten Aufgaben, die theoretische Arbeit erfordern. ☐

B. Mich interessiert eher die Anwendung der Theorie. ☐

10. Frage
A. Fernsehsendungen über Wissenschaft und Forschung finde ich sehr spannend. ☐
B. Diese Sendungen mögen spannend sein, aber mich interessiert mehr, was man damit machen kann. ☐

11. Frage
A. Ein kleines Referat selbstständig zu schreiben würde mir Spaß machen. ☐
B. Lieber schreibe ich Klausuren, in denen das gelernte Wissen abgefragt wird. ☐

12. Frage
A. Wenn ich etwas nicht verstanden habe, lasse ich es mir noch einmal erklären. ☐
B. Ich setze mich selber daran, bis ich es verstanden habe. ☐

13. Frage
A. Ich schätze mich eher als jemanden ein, der an vielen Dingen Interesse hat. ☐
B. Ich konzentriere mich auf einige Dinge, die ich gut kann. ☐

14. Frage
A. Um etwas zu verstehen, muss man viel nachdenken. ☐
B. Wichtiger als viel nachdenken ist, dass man die Sache im Griff hat. ☐

15. Frage
A. Ich möchte so viel wie möglich lernen und wissen. ☐
B. Es kommt nicht auf die Menge an, sondern darauf, was für den Beruf wichtig ist. ☐

16. Frage
A. Ich lerne am effektivsten mit anderen zusammen. ☐
B. Ich lerne allein am besten. ☐

17. Frage

A. Mir wäre eine überschaubare Studienatmosphäre lieber als ein Massenbetrieb. ☐

B. Es würde mir auch nichts ausmachen, mit 300 Leuten in einer Vorlesung zu sitzen. ☐

18. Frage

A. Meine Ausbildung sollte in erster Linie der guten Berufsausbildung dienen. ☐

B. Meine Ausbildung sollte mir die Möglichkeit bieten, mich vielseitig zu bilden. ☐

19. Frage

A. Ich bin bereit, mich auch mit Dingen zu beschäftigen, die mir wenig Spaß machen. ☐

B. Ich bin hierzu nicht bereit. ☐

20. Frage

A. Ich lese auch das, was mich nicht so brennend interessiert. ☐

B. Ich lese nur das, was mich direkt interessiert. ☐

Berechnung
Bitte notieren Sie die Punkte anhand Ihrer angekreuzten Kästchen und zählen Sie sie anschließend zusammen.

Frage	A	B	Punkte
1.	1	3	
2.	1	2	
3.	3	2	
4.	1	3	
5.	2	3	
6.	1	2	
7.	1	3	
8.	1	2	
9.	1	3	
10.	1	3	
11.	2	1	
12.	3	1	
13.	1	2	
14.	2	3	
15.	1	3	
16.	3	2	
17.	3	2	
18.	1	3	
19.	2	1	
20.	1	2	
Gesamtpunktzahl:			

Auswertung: Fachhochschul- oder Universitätsstudium?
Über 50 Punkte:
Sie sind an einer schnellen Ausbildung und an einem baldigen Berufseinstieg interessiert. Die Vorstellung von einem langen Studium, finanzieller Abhängigkeit und unsicheren Arbeitsmarktperspektiven erschreckt Sie. Ihre Antworten lassen darauf schließen, dass Sie (vorerst) genug haben von der Schule und vom Lernen. Sie halten nicht viel von Theorie und mühsamem Pauken, vielem Lesen und von Dingen, die aus Ihrer Sicht nicht wichtig sind. Lassen Sie auf alle Fälle erst einmal die Finger von einem Universitätsstudium und konzentrieren Sie sich auf ein Fachhoch-

schulstudium oder, noch besser, auf eine berufliche Ausbildung. Informieren Sie sich auch noch näher über die Sonderausbildungsgänge für Abiturienten, über die Angebote der Berufs- und Wirtschaftsakademien, über die dualen Studiengänge, über die Ausbildungsmöglichkeiten im öffentlichen Dienst und über Ausbildungen an Berufsfachschulen.

45–50 Punkte:
Sie sind eher an einer zeitlich überschaubaren Ausbildung und an einem frühen Berufseinstieg interessiert. Die Vorstellung von einem langen Studium, finanzieller Abhängigkeit und unsicheren Arbeitsmarktperspektiven ist für Sie nicht sehr attraktiv. Ihre Antworten lassen darauf schließen, dass Sie (vorerst) genug haben von der Schule und vom Lernen. Sie halten wenig von Theorie und mühsamem Pauken im Studium, vielem Lesen und von Dingen, die aus Ihrer Sicht nicht so wichtig sind. Lassen Sie auf alle Fälle erst einmal die Finger von einem Universitätsstudium und konzentrieren Sie sich auf ein FH-Studium oder auf eine berufliche Ausbildung.

Informieren Sie sich auch noch näher über die Sonderausbildungsgänge für Abiturienten, über die Angebote der Berufs- und Wirtschaftsakademien, über die dualen Studiengänge, über die Ausbildungsmöglichkeiten im öffentlichen Dienst und über Ausbildungen an Berufsfachschulen.

40–44 Punkte:
Ihr Interesse ist stark auf eine zügige Ausbildung und auf ein praktisch ausgerichtetes Studium ausgerichtet. Sie wollen Praxis und Theorie miteinander verbinden. Ein Universitätsstudium sollten Sie sich überlegen. Ihre Antworten, vor allem zu den zentralen Fragen Berufsorientierung, Wissenschaft, Theorie usw., lassen darauf schließen, dass Sie sich eher auf ein Fachhochschulstudium konzentrieren sollten. Es bietet den Vorteil, dass es mehr anwendungs- und berufsorientiert ist, somit mehr Praxisanteile enthält und von daher den Berufseinstieg erleichtern kann. Fachhochschulen entsprechen mit ihrem Klassensystem und mit der regelmäßigen Leistungskontrolle auch eher Ihrem Arbeitsstil. Für Sie könnten auch die Sonderausbildungsgänge der Wirtschaft oder die Ausbildungen des öffentlichen Dienstes und das Angebot der Berufsakademien von Interesse sein. Auch ein dualer Studiengang (Berufsausbildung und Studium in einem) könnte Ihren Vorstellungen entsprechen.

34–39 Punkte:

Sie haben für beide Hochschularten Interesse bekundet. Deshalb ist Ihre Entscheidung schwierig. Sie sollten noch einmal die Vor- und Nachteile beider Hochschultypen mit in die Überlegungen einbeziehen: mehr Theorie oder mehr Anwendungsorientierung, mehr oder weniger Überschaubarkeit im Studium, eher freies System mit Selbstverantwortung oder geregeltes System. Lesen Sie noch einmal gründlich die nachfolgenden Überlegungen zum Fachhochschul- und zum Universitätsstudium. Sie sollten sich auch einmal eine Universität und eine Fachhochschule und ihre Unterschiede vor Ort ansehen.

27–34 Punkte:

Sie tendieren viel stärker zu einem Universitätsstudium als zu einem Fachhochschulstudium. Weder die Theorie im Studium noch die lange Studiendauer, die finanzielle Abhängigkeit, der Arbeitsmarkt, noch überfüllte Hörsäle und lange Reihen von noch zu lesenden Büchern schrecken Sie erst einmal ab. Wenn Ihre Einschätzung stimmt, verfügen Sie auch über all die anderen Voraussetzungen, die man für ein Universitätsstudium braucht, wie Fleiß, Interesse an selbstständigem Arbeiten, Bereitschaft, auch abends oder am Wochenende zu arbeiten, die Fähigkeit zu logischem Denken, Interesse an Wissenschaft und vieles mehr.

Weniger als 27 Punkte:

Sie sind der ideale Kandidat/die ideale Kandidatin für ein Universitätsstudium. Jeder Professor wünscht sich Studenten mit Ihren Vorstellungen. Weder die Theorielastigkeit des Studiums noch die lange Studiendauer, weder die finanzielle Abhängigkeit oder der Arbeitsmarkt, noch überfüllte Hörsäle und lange Reihen von noch zu lesenden Büchern können Sie abschrecken. Wenn Ihre Einschätzung stimmt, verfügen Sie auch über all die anderen Voraussetzungen, die man für ein Universitätsstudium braucht, wie Fleiß, selbstständiges Arbeiten, Bereitschaft, auch mal abends oder am Wochenende zu arbeiten, die Fähigkeit zu logischem Denken, Interesse an Wissenschaft und vieles mehr. Sie müssen aber noch das richtige Studienfach/die richtigen Studienfächer sowie den in Frage kommenden Studiengang ausfindig machen und dabei auch den Blick für mögliche Berufe nicht außer Acht lassen.

Wenn Sie sich noch immer nicht sicher sind, ob ein Universitätsstudium oder Fachhochschulstudium für Sie das Richtige ist, sollten Sie sich folgende Argumente noch einmal vor Augen führen.

Kennzeichen eines Universitätsstudiums	Kennzeichen eines Fachhochschulstudiums
• eher theoriebezogenes Studium; auf wissenschaftliches Arbeiten und Forschung ausgerichtet	• eher auf (praktische) Anwendung bezogenes Studium; Forschung ist keine zentrale Aufgabe
• viele Studierende; in vielen Fächern Massenausbildung	• etwas weniger Studierende; bessere individuelle Betreuung
• Studiendauer ca. 5 – 6 Jahre (Ausnahme: Man macht nur einen dreijährigen universitären Bachelorabschluss, belässt es dabei und schließt kein zweijähriges Masterstudium an. Verbunden hiermit sind jedoch eingeschränkte Berufseinstiegs- und Aufstiegsmöglichkeiten)	• Dauer etwa 3,5 –4 Jahre (bei Bachelor- plus Masterstudium etwa 5 – 6 Jahre)
• späterer Einstieg ins Berufsleben	• früherer Eintritt ins Berufsleben
• mehr Möglichkeiten des selbstbestimmten Studienablaufs	• Studienplanung ist stärker reglementiert (verschultes System)
• infolgedessen höhere Abbrecher- und Durchfallquoten; oft Überschreitung der vorgesehenen Studiendauer	• infolgedessen geringere Durchfallquoten und zügigeres Studium; weitestgehende Einhaltung der vorgesehenen Studiendauer
• breites Fächerangebot, mehr Kombinationsmöglichkeiten, selbstständiges wissenschaftliches und methodisches Arbeiten	• begrenztes Angebot von Fächern, dafür größere Spezialisierung; stärker stoff- und lernorientiertes Studium
• Berufseinstieg momentan schwerer	• Berufseinstieg in der Regel leichter
• Möglichkeit zur Doktorarbeit	• Möglichkeit zur Doktorarbeit nur nach Wechsel auf eine Universität nach dem Master
• Ausbildung eher für höhere Positionen	• Berufsaufstieg eher in mittlere Positionen

Keine der beiden Hochschularten ist besser als die andere. Es handelt sich einfach um zwei verschiedene Hochschultypen mit unterschiedlichen Zielen und Aufgaben. Deshalb kann nur jede/r für sich die Frage beantworten, ob ein Fachhochschulstudium oder ein Universitätsstudium sinnvoller ist.

Test 3: Bisherige Schulnoten und mögliche Ausbildungswege

Für jedes Studienfach wird eine besondere Begabung oder Eignung vorausgesetzt, die nicht jede/r hat. Diese Begabung kann, muss sich aber nicht bereits an den bisherigen Schulnoten erkennen lassen. Wie kann ich also herausfinden, ob ich für ein Studium geeignet bin und welche Studienfächer meinen Interessen und Begabungen am ehesten entsprechen?

Hilfreich ist eine Stärken- und Schwächen-Analyse. Aus Vorlieben für oder aus der Abneigung gegen bestimmte Schulfächer lassen sich mögliche Studienfächer herausfinden. Vorliebe oder Abneigung drückt sich aber nur teilweise in der jeweiligen Schulnote aus. Die Note ist die Summe von Begabung, Arbeit, Fleiß, Ausdauer, Interesse, sozialem Umfeld in Familie und Schule; sie hängt auch von den Anforderungen der Schule und vom Lehrer und vielen anderen Faktoren ab. Nehmen Sie deshalb für den Test nicht Ihre Abiturnoten in den einzelnen Fächern, sondern machen Sie folgendes Gedankenexperiment: Sie hätten für alle Fächer gleich viel und vor allem viel getan und wären dabei auf einen begabten Pädagogen gestoßen, der einen interessanten Unterricht macht und das Wissen optimal vermitteln kann. Welche Note hätten Sie dann im jeweiligen Schulfach erreicht? Nehmen Sie bitte die Ihnen bekannten Noten von sehr gut bis ungenügend. Und ziehen Sie in das Gedankenexperiment Ihre Erfahrungen von 12 respektive 13 Schuljahren mit ein. War ich immer gleich oder ähnlich gut in einem Fach? Gab es Sprünge in der Note des Faches und worauf waren diese zurückzuführen (Faulheit, Fleiß, Schulwechsel, Lehrerwechsel)? Und »missbrauchen« Sie nicht das Gedankenexperiment dazu, Ihre bisherigen Schulnoten zu kosmetisieren. Es kommt nicht darauf an, möglichst viele Einsen oder Zweien in die folgende Übersicht einzutragen, sondern durch die gedanklich ermittelten Noten Ihre Stärken und Schwächen zu erkennen.

Schulfach	Note	Schulfach	Note
Biologie	☐	Musik	☐
Chemie	☐	Pädagogik	☐
Deutsch	☐	Philosophie	☐
Englisch	☐	Physik	☐
Erdkunde	☐	Religionslehre	☐
Französisch	☐	Sozialkunde	☐
Geschichte	☐	Sport	☐
Kunst	☐	Technik, Informatik	☐
Latein, Griechisch	☐	Wirtschaft	☐
Mathematik	☐		

Nehmen Sie jetzt zuerst das Schulfach/die Schulfächer mit der besten Note und schauen Sie sich im Folgenden an, welche Studienfächer in Frage kommen könnten. Machen Sie danach einen Abgleich mit dem zweitbesten und ggf. drittbesten Fach und vergleichen Sie auch dieses Fach/diese Fächer mit der Liste.

Schüler sind erfahrungsgemäß nicht nur in einem Schulfach gut (oder schlecht), sondern häufig in mehreren Fächern, vor allem in solchen, die zur gleichen Gruppe gehören, z. B. in den Fremdsprachen oder in den Naturwissenschaften. Deshalb machen wir noch einen Vergleich von Stärken in Kombinationen von mehreren Schulfächern mit in Frage kommenden Studienfächern. Die Überlegung ist die gleiche wie zuvor. Sie ermitteln Ihre besten Schulnoten, wenn Sie dafür gleich viel und viel getan hätten und von sehr guten Lehrern unterrichtet worden wären.

Meine besten Noten hätte ich erzielt in:

Mathematik und Physik	☐
Mathematik und Chemie	☐
Mathematik und Biologie	☐
Physik und Chemie oder Biologie	☐
Chemie und Biologie	☐
Naturwissenschaftliches Fach und Erdkunde	☐
Englisch und Französisch	☐
Fremdsprachen und Erdkunde	☐

Fremdsprachen und Sozialkunde ☐
Deutsch und Englisch/Französisch ☐
Deutsch und Erdkunde ☐
Deutsch und Geschichte ☐
Deutsch und Sozialkunde ☐
Deutsch und alte Sprachen ☐
Deutsch und Mathematik ☐
Deutsch und Religionslehre ☐
Alte Sprachen und Geschichte ☐
Deutsch und Philosophie ☐
Deutsch und Sozialkunde ☐
Mathematik und Sport ☐
Informatik und Technik ☐
Mathematik und Kunst ☐
Wirtschaft und Fremdsprachen ☐
Wirtschaft und Deutsch ☐
Wirtschaft und Sozialkunde ☐
Informatik und Fremdsprachen ☐
Kunst und Technik oder Informatik ☐
Religionslehre und Philosophie ☐
Religionslehre und Fremdsprachen ☐
Naturwissenschaften und Informatik oder Technik ☐
Wirtschaft und Technik ☐
Pädagogik und Sozialkunde ☐

Auswertung: Stärken in einem Schulfach – in Frage kommende Studienfächer

Stärken in Schulfächern	*Als mögliche Studienfächer kämen in Frage*
Religionslehre	Theologie, Sozialpädagogik, Sozialarbeit, Vergleichende Religionswissenschaft
Sozialkunde/ Gemeinschaftskunde	Wirtschaftswissenschaften, Soziologie, Politologie, Sozialwissenschaft, Rechtswissenschaft, Sozialarbeit, Sozialpädagogik
Geschichte	Geschichte, Politologie, Soziologie, Sozialwissenschaft, alte Sprachen

Deutsch	Germanistik, Literaturwissenschaft, Bibliotheks- und Informationswissenschaft, Journalismus, Schauspiel
Englisch	Anglistik, Amerikanistik, europäische Sprachen
Französisch	Romanistik, andere geisteswissenschaftliche Fächer
Latein/Griechisch	Klassische Philologie, Sprachwissenschaft, Kulturwissenschaft, Geschichte, Archäologie
Sport	Sportstudiengänge, auch für Lehramt
Mathematik	Mathematik, Physik, Wirtschaftswissenschaften, ingenieurwissenschaftliche Fächer, Astronomie, Maschinenbau, Informatik, Architektur
Physik	Physik, Astronomie, Elektrotechnik, Maschinenbau, Fahrzeugtechnik, Biowissenschaften
Chemie	Chemie, Biochemie, Biologie, Agrarwissenschaften, Medizin
Erdkunde	Geographie, Geologie, Mineralogie, Landwirtschaft
Biologie	Biologie, Biochemie, Medizin, Chemie, Landwirtschaft
Philosophie	Philosophie, Religionswissenschaft, Pädagogik, Sprachen und Kulturen
Kunst	Kunst, Architektur, Innenarchitektur, Grafik, Gestaltung, Design, Kunstgeschichte
Musik	Musikwissenschaft, Vokalmusik, Instrumentalmusik
Informatik	Informatik, ingenieurwissenschaftliche Fächer
Pädagogik	Erziehungswissenschaft, Lehramt, Sozialarbeit, Sozialpädagogik
Wirtschaftslehre	Alle wirtschaftswissenschaftlichen Fächer
Technik	Alle technischen Studienfächer

Auswertung: Stärken in mehreren Schulfächern – in Frage kommende Studienfächer

Mathematik und Physik:
Optimale Voraussetzung nicht nur für das Studium dieser beiden Fächer, sondern für alle technischen Fächer. Wenn ein Interesse an einer weiteren Naturwissenschaft, z. B. Biologie oder Chemie, besteht, sind zusätzlich sehr gute Voraussetzungen für alle naturwissenschaftlichen Studienfächer und für Medizin gegeben, da sie fast alle im Basis-/Grundstudium auf diesen Fächern aufbauen. Optimale Bedingungen auch für das Studium Vermessungswesen (Geodäsie). Bei Interesse an Informatik bestehen zusätzlich gute Voraussetzungen für ein Informatikstudium.

Mathematik und Chemie:
Ähnlich wie bei Mathematik und Physik. Besonders gute Bedingungen für Chemieingenieurwesen und Verfahrenstechnik.

Mathematik und Biologie:
Mathematik, Biologie, Biotechnologie/Biotechnik, Haushalts- und Ernährungswissenschaften. Ferner (bei Interesse an Technik) die Ingenieurstudiengänge und (bei Interesse für Chemie) medizinische Fächer.

Physik und Chemie oder Biologie:
Studium dieser Fächer, ferner die anderen Naturwissenschaften, vor allem Pharmazie und Agrarwissenschaften. Außerdem gute Voraussetzungen für ein Medizinstudium.

Chemie und Biologie:
Alle sogenannten biowissenschaftlichen Studiengänge (Biologie, Biochemie, Biotechnologie) und Medizin. Die beiden Schulfächer sind auch Voraussetzung für das Studium der anderen Naturwissenschaften, z. B. Pharmazie, Lebensmittelchemie, Agrarwissenschaften/Landwirtschaft, Haushalts- und Ernährungswissenschaften und in Verbindung mit Physik für die sogenannten geowissenschaftlichen Studiengänge (Geologie, Mineralogie u. Ä.) sowie für Umweltstudiengänge.

Ein naturwissenschaftliches Fach und Erdkunde:
Geographie, Städtebau, Landschaftsplanung, Raumplanung, Ökologie.

Englisch und Französisch:
Neben dem Studium beider Fächer besteht die Möglichkeit für einen Übersetzer- oder Dolmetscherstudiengang, den einige Universitäten und Fachhochschulen anbieten. Auch interessante Kombination für ein Lehramtsstudium.

Fremdsprachen und Erdkunde:
Neben Geographie und Übersetzen/Dolmetschen würde sich (bei Interesse für Wirtschaft) der Studiengang Touristik (an einigen Fachhochschulen) anbieten.

Fremdsprachen und Sozialkunde:
Primär kulturwissenschaftliche Fächer, einige Gesellschaftswissenschaften (Sozialwissenschaft, Politikwissenschaft).

Deutsch und Englisch/Französisch:
Ein Bachelor- plus Masterstudium dieser Fächer, vor allem aber Übersetzen/Dolmetschen, weiterhin Lehramtsstudium.

Deutsch und Erdkunde:
Germanistik, Sprachwissenschaft, Geographie, Lehramt Deutsch und Erdkunde (bei pädagogischer Begabung).

Deutsch und Geschichte:
Die meisten Kulturwissenschaften, etwa Germanistik, Geschichte, Philosophie. Weiter Journalistik/Publizistik/Medienwissenschaften.

Deutsch und Sozialkunde:
Soziologie, Sozialwissenschaft, Politische Wissenschaft, aber auch (bei Interesse an Wirtschaft und falls an Mathematik nicht gänzlich uninteressiert) Volkswirtschaftslehre oder Ökonomie.

Deutsch und alte Sprachen:
Geschichte, Philosophie, die Altertumswissenschaften (etwa Archäolo-

gie, Ägyptologie). In erster Linie auch Studium der Altphilologie (Gräzistik, Latinistik).

Deutsch und Mathematik:
Bei Interesse für den Schuldienst Lehramtsstudium der beiden Fächer. Fachleute sehen in dieser Kombination auch eine gute Voraussetzung für Jura. Ebenfalls für Psychologie und für die Bibliothekswissenschaften.

Deutsch und Religionslehre:
Theologie, Lehramt Deutsch und Religionslehre, Philosophie, Sozialwesen.

Alte Sprachen und Geschichte:
wie bei Deutsch und alte Sprachen.

Deutsch und Philosophie:
Philosophie, Germanistik, Allgemeine Sprachwissenschaft, evtl. auch Lehramt.

Deutsch und Sozialkunde:
Soziologie, Sozialwissenschaft, Sozialpädagogik, evtl. auch Lehramt.

Mathematik und Sport:
Interessante Lehramtskombination, aber auch gute Voraussetzungen für Sportstudiengänge, die nicht ins Lehramt führen. Bei zusätzlichem Interesse an Physik auch technische Fächer.

Informatik und Technik:
Informatik und die anderen Fächer der Informationswissenschaften, ferner Ingenieurwissenschaften mit hohem Informatikanteil (vor allem elektrotechnische Fächer). Interessant evtl. auch für Lehramt an berufsbildenden Schulen (Wirtschaftspädagogik), sofern pädagogische Begabung vorhanden ist.

Mathematik und Kunst:
Optimale Kombination für Architektur und evtl. Innenarchitektur. Auch für Gestaltung, Grafik und Design, für ein Lehramtsstudium und für Fotografie.

Wirtschaft und Fremdsprachen:
Wirtschaftswissenschaften (VWL, BWL, Ökonomie) mit zusätzlichem Fremdsprachenangebot, Touristik, Dolmetschen und Übersetzen.

Wirtschaft und Deutsch:
Alle Wirtschaftswissenschaften (VWL, BWL, Ökonomie), ferner Wirtschaftspädagogik, Journalistikstudiengänge und Kommunikationswissenschaften.

Wirtschaft und Sozialkunde:
Sozialkunde (Lehramtsfach), Soziologie und Politikwissenschaft, Stadt- und Raumplanung.

Informatik und Fremdsprachen:
Informatik mit Schwerpunkt Sprachwissenschaften oder künstliche Intelligenz, Fachübersetzen, Ingenieurstudium mit starker internationaler und fremdsprachenorientierter Ausrichtung, evtl. auch Übersetzen/Dolmetschen.

Kunst und Technik oder Informatik:
Kunst, Fotografie, alle Grafik-, Gestaltung- und Design-Studiengänge mit hohem EDV-Anteil.

Religionslehre und Philosophie:
Theologie, Philosophie, Vergleichende Religionswissenschaft.

Religionslehre und Fremdsprachen:
Lehramtskombination Religionslehre und Fremdsprache (aber nur bei Interesse an Pädagogik), ansonsten theologische Studiengänge oder Fremdsprachenstudiengänge.

Naturwissenschaften und Informatik oder Technik:
Alle Naturwissenschaften, vor allem solche mit hohen technischen Studienanteilen, und Medizin.

Wirtschaft und Technik:
Optimale Voraussetzung für Wirtschaftsingenieurwesen. Gute Bedin-

gungen auch für Fächer wie Technische Betriebswirtschaftslehre oder technische Studiengänge im Gesundheitswesen.

Pädagogik und Sozialkunde:
Sozialpädagogik, Sozialarbeit, Lehramt (bei Interesse an einem weiteren Schulfach).

Die Alternative zum Studium: Attraktive Ausbildungsberufe

Eine Berufsausbildung ist keineswegs eine Verlegenheitslösung, sondern eine sinnvolle Alternative zu den beiden anderen großen Möglichkeiten Studium und Kombination von Studium und Berufsausbildung. Die Lehre, wie sie landläufig heißt, bietet eine Reihe von Vorteilen gegenüber den beiden anderen Möglichkeiten. In der Regel nach zwei Jahren (in Einzelfällen nach drei Jahren) verfügen Abiturienten über eine berufsqualifizierende Ausbildung, die sie befähigt, in einem Beruf zu arbeiten und zu einem Zeitpunkt, an dem die anderen sich gerade in der Mitte des Studiums befinden, ihren Lebensunterhalt selbst zu bestreiten. Die betriebliche Ausbildung ist bei Abiturienten mittlerweile sehr beliebt. Etwa ein Drittel eines Abiturjahrgangs beginnt das Berufsleben mit einer Ausbildung.

Die Entscheidung für eine Lehre ist keine Entscheidung gegen ein Studium. Viele von denen, die eine Lehre aufnehmen, studieren später. Dies hat weitere Vorteile. Man ist reifer bei der Studienentscheidung, kennt bereits die Praxis, kann das Studium zügig absolvieren und hat die Möglichkeit, in den Semesterferien qualifiziert zu jobben. Studenten mit vorheriger Berufsausbildung haben erheblich weniger Schwierigkeiten, Ferienjobs zu finden.

Wer also zu der Überzeugung gelangt ist, bei der beruflichen Ausbildung auf der sicheren Seite zu sein, oder wer ohnehin mit dieser Option liebäugelt, wird im Folgenden Informationen zu Ausbildungsberufen erhalten, die von Abiturienten oft nachgefragt werden.

Da der Umfang dieses Buches begrenzt ist und es über 350 Ausbildungsberufe gibt, möchten wir die Informationen auf die zentralen Punkte konzentrieren. Für diejenigen, die mehr wissen möchten – welche Inhalte in der jeweiligen Ausbildung vermittelt werden, wie lange die Ausbildung dauert (normalerweise zwei bis drei Jahre für Abiturienten), wie hoch die Ausbildungsvergütung in den einzelnen Jahren ist und welche beruflichen Perspektiven die jeweiligen Ausbildungen bieten –, empfehlen wir die folgenden Publikationen: Dieter Herrmann/Angela Verse-Herrmann, *Der große Berufswahltest*, 2009, sowie die Datenbank der Arbeitsagentur unter *www.berufenet.arbeitsagentur.de*.

Wir haben in die folgende Liste auch Berufe, für die an Berufsfachschulen und im öffentlichen Dienst ausgebildet wird, mit einbezogen.

Handwerklich-technische Ausbildungen

Es gilt zu unterscheiden zwischen körperlich beanspruchenden und körperlich weniger beanspruchenden Ausbildungen. Grundsätzlich werden für diese Ausbildungen körperliche Belastbarkeit, handwerklich-technisches Geschick, technisches Verständnis und Kreativität vorausgesetzt.

Mögliche Ausbildungsberufe sind:

- Augenoptiker/in
- Bauzeichner/in
- Buchbinder/in
- Drucker/in
- Fachkraft für Veranstaltungstechnik
- Industriemechaniker/in
- Hörgeräteakustiker/in
- Mechatroniker/in
- Technische/r Konfektionär/in
- Technische/r Zeichner/in
- Tischler/in
- Zahntechniker/in

Gestaltung, Kunst, Mode, Design

Für diese Ausbildungen werden Kreativität, ein handwerklich-technisches Geschick, ein grundsätzliches technisches Verständnis sowie in einigen Ausbildungsberufen auch Verkaufsfähigkeit erwartet.

In Frage kommende Berufe:

- Film- und Videoeditor/in
- Fotograf/in
- Fotomedienlaborant/in
- Gestalter/in für visuelles Marketing (früher Schauwerbegestalter/in)
- Gestaltungstechnische/r Assistent/in
- Goldschmied/in
- Keramiker/in
- Maskenbildner/in

- Mediengestalter/in Bild und Ton
- Mediengestalter/in für Digital- und Printmedien
- Silberschmied/in

Beratung, Bedienung, Verkauf

Kontaktfreude, Teamorientierung, Sprachgewandtheit, Interesse am äußeren Erscheinungsbild, Verkaufsfähigkeit und Seriosität sind die wichtigsten Grundlagen, um die Ausbildung erfolgreich abzuschließen und mit Freude im künftigen Beruf zu arbeiten.

In Frage kommende Berufe:

- Bankkaufmann/-frau
- Buchhändler/in
- Fachmann/-frau für Systemgastronomie
- Hotelfachmann/-frau
- Hotelkaufmann/-frau
- Immobilienkaufmann/-frau
- Industriekaufmann/-frau
- Informatikkaufmann/-frau
- Investmentfondskaufmann/-frau
- IT-System-Kaufmann/-frau
- Kaufmann/-frau im Groß- und Außenhandel
- Kaufmann/-frau im Gesundheitswesen
- Kaufmann/-frau für audiovisuelle Medien
- Kaufmann/-frau für Marketingkommunikation (früher Werbekaufmann/-frau)
- Kaufmann/-frau für Speditions- und Logistikdienstleistung
- Kaufmann/-frau für Touristik und Freizeit
- Kaufmann/-frau für Versicherung und Finanzen (früher: Versicherungskaufmann/-frau)
- Kaufmann/-frau im Eisenbahn- und Straßenverkehr
- Luftverkehrskaufmann/-frau
- Reiseverkehrskaufmann/-frau
- Schifffahrtskaufmann/-frau

Berufe in den Naturwissenschaften

Hierbei handelt es sich vor allem um die sogenannten Assistentenberufe. Hier sind die Voraussetzungen für die Ausbildung und den späteren Beruf Teamorientierung, mathematisches Verständnis und in erster Linie naturwissenschaftliche Begabung.

In Frage kommende Berufe:
- Biologisch-technische/r Assistent/in
- Chemielaborant/in
- Chemisch-technische/r Assistent/in
- Medizinisch-technische/r Assistent/in
- Pharmazeutisch-technische/r Assistent/in
- Physikalisch-technische/r Assistent/in

Medizin, Gesundheit und Pflege

Für diese Ausbildungs- und Berufsgruppe sind wichtig: Kontaktfreude, Teamorientierung, weitgehende körperliche Belastbarkeit, soziales Interesse und Engagement, Sprachgewandtheit, naturwissenschaftliches Verständnis und Seriosität.

Mögliche Ausbildungsberufe:
- Ergotherapeut/in
- Medizinische/r Dokumentationsassistent/in
- Medizinische/r Dokumentar/in
- Medizinisch-technische/r Assistent/in für Funktionsdiagnostik
- Medizinisch-technische/r Laboratoriumsassistent/in
- Medizinisch-technische/r Radiologieassistent/in
- Orthoptist/in
- Pharmazeutisch-kaufmännische/r Angestellte/r
- Physiotherapeut/in
- Rettungsassistent/in
- Veterinärmedizinisch-technische/r Assistent/in
- Zytologie-Assistent/in

Soziale Berufe und Erziehung

Kontaktfreude, soziales Interesse und Engagement, Seriosität und pädagogisches Geschick sind Grundvoraussetzungen für Berufsausbildungen in diesem zunehmend wichtiger werdenden Bereich.

Mögliche Ausbildungsberufe (alle an Berufsfachschulen erlernbar):

- Erzieher/in
- Gymnastiklehrer/in
- Logopäde/Logopädin

Land- und Forstwirtschaft, Natur und Umwelt

Teamorientierung, körperliche Belastbarkeit bei Berufen in der Landwirtschaft, naturwissenschaftliches Verständnis und in erster Linie Naturverbundenheit sind Voraussetzungen für diese Ausbildungsberufe.

In Frage kommende Berufe:

- Gärtner/in
- Landwirt/in
- Pferdewirt/in
- Tierpfleger/in
- Veterinärmedizinisch-technische/r Assistent/in

Rechts- und Sicherheitsberufe

Teamorientierung, körperliche Belastbarkeit (bei Sicherheitsberufen), sprachliche Ausdrucksfähigkeit (Rechtsberufe), Ordnungssinn, ein ausgeprägtes Rechtsbewusstsein sind die zentralen Voraussetzungen für eine erfolgreiche Ausbildung und Freude in einem der folgenden Berufe:

- Justizfachangestellte/r
- Justizvollzugsbeamtin oder -beamter
- Polizeibeamtin oder -beamter
- Rechtsanwalts- und Notariatsfachangestellte/r
- Rechtspfleger/in
- Steuerfachangestellte/r
- Patentanwaltsfachangestellte/r

Studieren ja, aber was und wo?

Von Ägyptologie bis Zahnmedizin – 180 Studienfächer kurz vorgestellt

An den deutschen Hochschulen können etwa 180 verschiedene Studienfächer studiert werden. Eine Vielzahl ist Schülern und Eltern meist überhaupt nicht oder nur vom Hörensagen bekannt. Vor diesem Angebot stehen unsere künftigen Studierenden, unschlüssig – wie könnte es anders sein –, welches Fach oder welche Fächer sie studieren sollen und für welche Richtung sie die entsprechende Eignung mitbringen.

Wir haben, um einen Weg durch diesen Fächerdschungel zu finden, die rund 180 Studienfächer zu Fächergruppen nach übergeordneten Gesichtspunkten sortiert. So wissen Sie gleich, welche Fächergruppen es gibt, um welche Fächer es jeweils geht und welche Fächer benachbart sind.

Was dieses Buch nicht leisten kann, ist, Ihnen zu jedem Studienfach die Hochschulen zu nennen, die es anbieten. Zur Recherche empfehlen wir Ihnen die Publikation *Studien- und Berufswahl* der Bundesagentur für Arbeit und zwei Datenbanken im Internet, mit denen Studiengänge recherchiert werden können, unter *www.studienwahl.de* (Pfad »Studium«, dann »Studiengang suchen«) und *www.hochschulkompass.de.*

Die Studienfächer lassen sich in zwölf Fächergruppen einteilen:

1. Sprach-, literatur- und kulturwissenschaftliche Fächer
2. Theologische Fächer
3. Mathematik und Naturwissenschaften
4. Agrar-, Forst- und Ernährungswissenschaften
5. Medizinische Fächer
6. Technische und ingenieurwissenschaftliche Fächer
7. Rechts-, Wirtschafts- und Gesellschaftswissenschaften
8. Sozialwesen
9. Pädagogik und Erziehungswissenschaften
10. Informationswissenschaften
11. Freie und Angewandte Kunst sowie Musik und Theater
12. Sport und Gesundheit

1. Sprach-, literatur- und kulturwissenschaftliche Fächer

Die Sprach-, Literatur- und Kulturwissenschaften sind, was die Zahl der Einzelfächer anbelangt, die größte Fächergruppe. Sie beschäftigen sich mit einzelnen Sprachen und deren Entwicklungen sowie mit historischen Bezügen von Sprache, Literatur und Kultur.

Das Studium der Sprach- und Literaturwissenschaften ist auf das Erlernen von Sprachen, auf die Entwicklung von Sprachen (Sprachgeschichte) und Sprachsystemen, auf den Aufbau von Sprachen (Sprachwissenschaft) und auf literarische Erzeugnisse von Sprachen (Literaturwissenschaft) ausgerichtet. Man nennt diese Fächergruppe auch Philologien.

Diese Fächer werden nicht isoliert studiert, sondern, je nach Hochschule, in Bachelorstudiengängen mit einem weiteren Bachelor-Hauptfach oder (am häufigsten) mit einem Neben- oder Beifach kombiniert. An Nebenfächern kann man die wählen, die an der Hochschule angeboten und in der Studienordnung (in der unter anderem die Nebenfächer und die Leistungsnachweise bis zur Abschlussprüfung festgelegt sind) als solche ausgewiesen werden.

Im Studium erlernt man eine oder mehrere Sprachen, beschäftigt sich mit der Entwicklung dieser Sprache oder Sprachen, mit ihrem Aufbau und System, mit sprachlichen Quellen und Dokumenten sowie mit den geschichtlichen und kulturellen Bezügen dieser Sprachen.

Das Studium kann nach drei Jahren mit dem Bachelor of Arts (B.A.) abgeschlossen werden. In einem daran anschließenden zweijährigen Masterstudium haben die Absolventen die Wahl, entweder die Inhalte des Bachelorstudiums fachlich zu vertiefen (sogenannter konsekutiver Masterstudiengang) oder interdisziplinär zu erweitern (sogenannter nicht-konsekutiver Masterstudiengang).

Ausgenommen sind hiervon Lehramtsstudiengänge, die mit einem Staatsexamen abschließen.

Eine Besonderheit innerhalb der Gruppe »sprach-, literatur- und kulturwissenschaftliche Fächer« sind die Studiengänge der Angewandten Sprachwissenschaft (Übersetzen, Dolmetschen). Bei diesen Fächern spielen Sprachgeschichte und Sprachkultur keine entscheidende Rolle. Die Ausbildung soll die Studierenden in die Lage versetzen, gegenwärtige Fremdsprachen einschließlich Fachsprachen entweder in schriftlicher (Übersetzen) oder in mündlicher Form (Dolmetschen) zu übertragen.

Diese Studiengänge schließen mit einem Bachelor-/Mastergrad oder einem Diplom (auslaufend) ab.

Die Kulturwissenschaften beschäftigen sich entweder mit historischen, das heißt heute nicht mehr bestehenden Kulturen, oder mit noch bestehenden Kulturen in ihrer Entwicklung und in ihren Auswirkungen auf gegenwärtige Kulturen. Der Begriff Kultur ist dabei in einem sehr weiten Sinne als die Vielfalt menschlicher Kulturäußerungen wie Geschichte, Philosophie, Kunst, Musik, Literatur, Religion, Gesellschaft, Brauchtum usw. zu verstehen. Solche Fächer beziehen sich auf eine Epoche (z. B. Antike), auf einzelne Regionen (z. B. deutsche Geschichte) oder auf eine Kulturäußerung (z. B. Kunstgeschichte oder Philosophie).

Die Fächergruppe *Sprach-, Literatur- und Kulturwissenschaften* lässt sich in zwei Untergruppen einteilen:

Die erste Untergruppe heißt *sprach- und literaturwissenschaftliche Fächer Europas und Nordamerikas*. Hierzu gehören folgende Einzelfächer:

- Amerikanistik (Sprache, Geschichte, Literatur und Kultur Nordamerikas)
- Kanadistik (Sprache, Geschichte, Literatur und Kultur Kanadas)
- Anglistik (Sprache, Literatur, Kultur und Geschichte Englands und der von England geprägten Welt)
- Balkanologie (Sprachen und Kulturen der Balkanländer)
- Baltische Philologie (Sprachen und Kulturen der heutigen Länder Estland, Lettland, Litauen und angrenzender Regionen)
- Byzantinistik (Sprachen und Kulturen des Oströmischen Reiches bis zur Eroberung durch die Türken im 15. Jahrhundert)
- Finno-Ugristik (die ursprünglich verwandten Sprachen und Kulturen Finnlands und Ungarns)
- Germanistik (deutsche Sprache und Literatur)
- Niederländische Philologie (niederländische Sprache, Literatur und Kultur), auch Niederlandistik genannt
- Skandinavistik/Nordistik (Sprachen und Kulturen der nordeuropäischen Länder)
- Keltologie (keltische Sprachen und Kulturen)

- Klassische Philologie (Latein, Griechisch)
- Mittellateinische Philologie (lateinische Sprache im Mittelalter)
- Neugriechisch
- Vergleichende Literaturwissenschaft (Vergleich von verschiedenen Literaturen)
- Romanistik (Kulturen und Sprachen der romanischen Welt wie Französisch, Italienisch, Spanisch, Portugiesisch oder Rumänisch)
- Slavistik (slawische Kulturen und Sprachen wie Russisch, Polnisch, Tschechisch)
- Allgemeine Sprachwissenschaft (Vergleich von verschiedenen Sprachen und Sprachsystemen)
- Angewandte Sprachwissenschaft (Übersetzen, Dolmetschen)

Die zweite Untergruppe sind die *außereuropäischen Sprachen und Kulturen*, die sich noch einmal in vier weitere Untergruppen unterteilen lassen.

Die erste dieser Untergruppen sind die *Sprachen und Kulturen der Alten Welt*. Hierbei handelt es sich um alte orientalische Kulturen, die heute nicht mehr bestehen. Hierzu gehören:

- Ägyptologie (ägyptische Sprachen und Kulturen von der Pharaonenzeit bis zur griechisch-römischen Zeit)
- Koptologie (Sprache und Geschichte der Christen in Ägypten, auch Kopten genannt)
- Altorientalistik/Assyriologie (die alten Kulturen der Babylonier und der Sumerer)
- Hethitologie (Sprache und Kultur der Hethiter)
- Vorderasiatische Altertumswissenschaft
- Altamerikanistik (altamerikanische Indianersprachen und -kulturen)
- Keilschriftkunde (Schriftkunde des vorderasiatischen Altertums)
- Papyrologie (befasst sich mit den schriftlichen Quellen der Spätzeit Ägyptens bis in arabische Zeit)

Die zweite Untergruppe sind die *Sprachen und Kulturen des Vorderen Orients und Afrikas*. Im Einzelnen handelt es sich um folgende Studienfächer:

- Afrikanistik (afrikanische Sprachen und Kulturen)
- Orientalistik (Sprachen und Kulturen des Orients)
- Iranistik (Sprachen und Kulturen des Persischen Reiches)
- Islamwissenschaft (Sprachen und Kulturen der vom Islam geprägten Welt)
- Arabistik (arabische Sprachen und Kulturen)
- Semitistik (semitische Sprachen und Kulturen)
- Turkologie (Sprachen und Kulturen der asiatischen Turkvölker)
- Wissenschaft vom Christlichen Orient (christliche Kulturen im Orient)
- Judaistik (Sprache, Kultur und Geschichte der Juden)

Das Studienfach, das sich mit *Sprachen und Kulturen des indischen Subkontinents* (heutige Staaten Indien, Pakistan, Bangladesch, Sri Lanka, Afghanistan, Nepal) beschäftigt, heißt Indologie. Zu den Sprachen und Kulturen Südostasiens gehören:

- Südostasienwissenschaft (südostasiatische Sprachen und Kulturen)
- Sprachen und Kulturen Austronesiens (Sprachen und Kulturen der Südsee)
- Birmaistik (Sprachen und Kulturen des Birmareiches)
- Malaiologie und Indonesisch (alt-malayische und neu-indonesische Sprachen und Kulturen)
- Thailändisch (Geschichte, Kultur und Sprache der Thai-Völker)
- Vietnamistik (Sprachen und Kulturen Vietnams)

Die letzte Untergruppe innerhalb der sprach- und literaturwissenschaftlichen Fächer sind die *Sprachen und Kulturen Zentral- und Ostasiens*, wozu im Einzelnen gehören:

- Koreanistik (Sprache und Kultur Koreas)
- Japanologie (japanische Sprache und Kultur)
- Sinologie (chinesische Sprache und Kultur)

- Altaistik
- Manjuristik
- Mongolistik
- Tibetologie (diese vier zuletzt genannten Fächer beschäftigen sich mit zentralasiatischen Sprachen und Kulturen)

Unter dem Begriff *Kulturwissenschaften* werden die Fächer zusammengefasst, bei denen nicht das Erlernen der jeweiligen Kultursprachen, sondern die Beschäftigung mit geschichtlichen und kulturellen Gesichtspunkten im Vordergrund des Studiums steht. Hierzu zählen:

- Archäologie (klassische, christliche, Provinzialarchäologie)
- Bibliotheks- und Informationswissenschaft
- Buchwissenschaft
- Archivwissenschaft
- Geschichte (vom Altertum bis zur Zeitgeschichte)
- Historische Landeskunde
- Angewandte Kulturwissenschaft
- Kunstgeschichte, Kunstwissenschaft (einschließlich indische und orientalische Kunstgeschichte)
- Kulturpädagogik
- Musikwissenschaft/Vergleichende Musikwissenschaft
- Philosophie
- Vergleichende Religionswissenschaft (auf mehrere Religionen bezogen)
- Theaterwissenschaft
- Völkerkunde (auch Ethnologie genannt)
- Volkskunde/Europäische Ethnologie

Fächer der Gruppe Sprach-, Literatur- und Kulturwissenschaften sind nur an den Universitäten (vereinzelt auch an Technischen Universitäten) vertreten. Als Orientierung gilt, dass keine deutsche Universität alle Fächer anbietet. Am stärksten sind sie vertreten an den alten deutschen Universitäten und an den großen neuen Universitäten. An den neuen kleinen Universitäten sind meistens nur einige davon zu finden. An technisch ausgerichteten Universitäten sind sie nicht oder nur wenige von ihnen vertreten. Die Studiendauer für diese Fächer beträgt im

Durchschnitt fünf bis sechs Jahre (Bachelor- plus Masterstudiengang oder Staatsexamensstudiengang). Wer sich nur für einen Bachelorstudiengang entscheidet, kann bereits nach drei Jahren das Studium abschließen.

Für die Absolventen dieser Fächergruppe gibt es kein fest umrissenes Berufsfeld. Sie streben eine Beschäftigung in folgenden Bereichen an: Lehramt an Schulen, Mitarbeit in Bildungseinrichtungen, bei Behörden, Medien, in Museen, Archiven, Bibliotheken und Verlagen, Tätigkeiten im Hochschuldienst, im auswärtigen Dienst oder in der Entwicklungshilfe.

Bei den sprach-, literatur- und kulturwissenschaftlichen Fächern ist es wichtig, ein ausgeprägtes Sprachgefühl zu besitzen, sicher im sprachlichen Ausdruck zu sein und Freude und Interesse am Lesen von Literatur und an Kulturgeschichte zu haben. Gute Leistungen in Schulfächern wie Deutsch, Englisch, Französisch, Latein, Geschichte und Philosophie sind hierfür wichtige Voraussetzungen.

2. Theologische Fächer

Die theologischen Fächer beschäftigen sich mit der Lehre von Gott, mit der Verkündigung der Glaubenslehre und mit der Entwicklung des christlichen Glaubens. Je nach Ausrichtung und Schwerpunkt unterscheiden wir katholisch-theologische Fächer (Katholische Theologie, Katholische Religionspädagogik), Evangelische Religionslehre (Evangelische Theologie, Evangelische Religionspädagogik), das Studium kleinerer christlicher Glaubensgemeinschaften (z. B. Altkatholische Theologie) und die Fächer, die sich mit der pädagogischen Vermittlung dieser Glaubensgrundsätze (Religionspädagogik) beschäftigen. Das Fach Vergleichende Religionswissenschaft untersucht Gemeinsamkeiten und Unterschiede von wichtigen Hochreligionen, z. B. Christentum, Judentum, Islam, Buddhismus.

Die theologischen Fächer können entweder an Universitäten oder an speziellen Kirchlichen oder Theologischen/Philosophischen Hochschulen studiert werden. Die Studiendauer sollte mit mindestens sechs Jahren veranschlagt werden, vor allem wegen der alten Sprachen. Latein, Griechisch und Hebräisch sind die Quellensprachen der christlichen Religionen. Aus diesem Grund steht in den ersten Semestern das Erlernen dieser alten Sprachen im Mittelpunkt des Studiums.

Die Absolventen sind – je nach Ausbildung – als Geistliche, als Laientheologen, in der kirchlichen Erwachsenenbildung, in sozialen Berufen oder als Religionslehrer im Schuldienst tätig.

Die wichtigste Voraussetzung für ein theologisches Studium ist der Glaube. Aber an Gott glauben reicht allein nicht aus. Für den späteren Geistlichen oder Laientheologen ist ein Verständnis für die Sorgen und Probleme anderer Menschen ebenso wichtig wie das Interesse an philosophischen und geistigen Fragen. Außerdem sollte, wie bereits erwähnt, ein starkes Interesse an alten Sprachen sowie an Geschichte bestehen.

3. Mathematik und Naturwissenschaften

Die dritte Gruppe bilden die mathematischen und naturwissenschaftlichen Fächer. Hierbei handelt es sich um eine Reihe von einzelnen Disziplinen, die sich mit der systematischen Erforschung der Natur oder Teilen davon beschäftigen. Das Ziel dieser Fächer besteht darin, Erscheinungen und Vorgänge in der Natur und deren Gesetzmäßigkeit mit Experimenten zu ergründen, aus Beobachtung Theorien zu entwickeln und Natur mit Hilfe der Technik nutzbar zu machen.

Es gibt die sogenannten klassischen naturwissenschaftlichen Fächer, wie Physik, Chemie, Biologie, Geologie und Pharmazie, und neuere Fächer (z. B. Biotechnologie). Die Mathematik wird, obwohl sie sich mit Zahlen beschäftigt, zu den Naturwissenschaften gerechnet, weil sie wichtige Methoden und Verfahren für die Naturwissenschaften liefert und gewissermaßen die Sprache der Naturwissenschaften ist.

Die Gruppe umfasst folgende Einzelfächer:

- Allgemeine Mathematik
- Angewandte Mathematik
- Technomathematik
- Wirtschaftsmathematik
- Biologie
- Biochemie
- Biotechnologie
- Chemie
- Geographie
- Meteorologie

- Mineralogie
- Ozeanographie
- Physik/Physikalische Technik
- Astronomie (zumeist Schwerpunkt innerhalb des Faches Physik)
- Geologie
- Geoökologie
- Geophysik
- Informatik mit verschiedenen Einzelfächern
- Lebensmittelchemie

Das Studium dieser Fächergruppe ist an Universitäten und – von einigen klassischen Naturwissenschaften abgesehen – an Fachhochschulen möglich. Wer sich für ein Universitätsstudium entscheidet, sollte für einen Bachelor- und Masterstudiengang oder einen Diplomstudiengang (im Auslaufen begriffen) mindestens fünf bis sechs Jahre Studienzeit einkalkulieren. Für das Fach Pharmazie, das mit einem Staatsexamen abschließt, gilt als Richtlinie viereinhalb bis fünf Jahre Studium. Das FH-Studium (nur für wenige Fächer) ist im Bachelorstudiengang in der Regel auf dreieinhalb Jahre (sieben Semester) angelegt; ein Master an der Fachhochschule dauert weitere eineinhalb bis zwei Jahre (Gesamtdauer dann auch etwa fünf bis sechs Jahre).

Die Studiendauer ist vor allem abhängig vom Kenntnisstand in den Naturwissenschaften. Sie haben richtig gelesen: in allen Naturwissenschaften. Denn das Studium ist in den ersten Semestern sehr ähnlich. Egal, für welches Fach Sie sich entscheiden, es besteht (grob) aus einem Viertel Mathe, einem Viertel Chemie, einem Viertel Physik und einem Viertel des eigentlichen Studienfachs. Wenn jemand Biologie studiert, beträgt der Anteil der reinen Biologieveranstaltungen also anfangs nur ein Viertel. Später im Studium verschieben sich die Anteile natürlich stärker zum eigentlichen Studienfach. Da aber niemand mit gleich guten Kenntnissen in den Naturwissenschaften an die Hochschule kommt, ist es notwendig, in den ersten Semestern die noch fehlenden Kenntnisse nachzuholen. Mancher, der bereits früh Chemie und Physik in der Schule abgewählt hat, muss viel Grundwissen nachholen. Deshalb sollte sich niemand an einem mathematisch-naturwissenschaftlichen Fach versuchen ohne grundlegendes Interesse für die Naturwissenschaften.

Bei Informatik muss ein starkes Interesse für Computer und EDV vorhanden sein.

Bei dieser Fächergruppe ist es auch von Vorteil, über etwas technische Begabung und Handgeschick zu verfügen, da das Studium etliche fachpraktische und experimentelle Lehrveranstaltungen beinhaltet.

Mathematiker und Naturwissenschaftler sind überwiegend in Forschung und Entwicklung tätig, sei es in der Industrie, in staatlichen Forschungseinrichtungen, in privatwirtschaftlichen Planungsbüros, an Hochschulen oder bei Behörden (z. B. Ministerien), die Forschungsentwicklungen steuern oder kontrollieren.

4. Agrar-, Forst- und Ernährungswissenschaften

Mit den Naturwissenschaften verwandt ist die nächste Fächergruppe, die Agrar-, Forst- und Ernährungswissenschaften. Zu dieser Gruppe gehören all die Fächer, die sich mit der Gestaltung der Landschaft, mit der wirtschaftlichen Nutzung und Pflege des Bodens beschäftigen, ferner mit den vielfältigen Arten von Pflanzen-, Baum- und Tierhaltung, mit deren Weiterverarbeitung für die menschliche und tierische Ernährung sowie mit den physiologischen und wirtschaftlichen Gesichtspunkten für die menschliche Ernährung. Dabei wird auch die Umwelt mit einbezogen. Einige dieser Fächer haben deshalb entsprechende Umweltschwerpunkte. Die einzelnen Fächer dieser Gruppe sind:

- Agrarwissenschaften
- Landbau/Landwirtschaft
- Agrarbiologie
- Agrarökonomie
- Forstwirtschaft
- Forstwissenschaft
- Landespflege
- Holzwirtschaft
- Landschaftsgestaltung
- Landschaftsplanung
- Gartenbau
- Haushaltswissenschaft/Haushaltstechnik
- Ernährungswissenschaft

- Lebensmitteltechnologie
- Milch- und Molkereitechnik
- Weinbau

Die Agrar-, Forst- und Ernährungswissenschaften können entweder an den wissenschaftlichen Hochschulen oder an Fachhochschulen studiert werden. Das Studium an Universitäten dauert in kombinierten Bachelor-/Master-Studiengängen oder in Diplomstudiengängen etwa fünf bis sechs Jahre. Der universitäre Bachelorstudiengang ist auf drei Jahre (sechs Semester) angelegt, ein vertiefendes oder interdisziplinär ausgerichtetes Masterstudium auf zwei Jahre. An Fachhochschulen sind überwiegend Bachelorstudiengänge von dreieinhalbjähriger (sieben-semestriger) und Masterstudiengänge von eineinhalb bis zweieinhalbjähriger Dauer anzutreffen.

Bei dieser Fächergruppe benötigt man eine Begabung für naturwissenschaftliche Fächer, wie etwa Physik, Chemie, Biologie und Mathematik. Hinzu kommen Interesse an Natur und Umwelt, Hand- und Fingergeschick, technisches Verständnis sowie körperliche Belastbarkeit.

Den Absolventen bieten sich entsprechend ihren Schwerpunktfächern berufliche Tätigkeiten bei land- und forstwirtschaftlichen Behörden, bei Landschafts- und Siedlungsbehörden, in Verbraucher- und Kontrolleinrichtungen, in Industriebetrieben, in landschaftsgestaltenden Unternehmen oder als selbstständige Raum-, Landschafts- und Umweltplaner.

5. Medizinische Fächer

Die medizinischen Fächer, die sich mit dem gesunden und kranken menschlichen und tierischen Organismus befassen, vor allem in den Erscheinungsformen von Krankheiten sowie deren Erkennung, Behandlung und Verhütung, sind ebenfalls naturwissenschaftlich orientiert.

Es gibt drei medizinische Fächer:

- Humanmedizin (Heilkunde vom Menschen)
- Tiermedizin (Tierheilkunde)
- Zahnmedizin

Jedes dieser Fächer ist wiederum in einzelne Spezialgebiete unterteilt.

Grundlage des Medizinstudiums sind die naturwissenschaftlichen Fächer Chemie, Biologie, Physik und Mathematik. Immer wichtiger werden auch die technischen und ingenieurwissenschaftlichen Fächer, die der Medizin neue technische Geräte und Verfahren bei der Erkennung und Behandlung von Krankheiten liefern. Eine zunehmend wichtige Hilfswissenschaft ist die Psychologie, da eine Reihe menschlicher Erkrankungen ihre Ursache in seelischen oder sozialen Problemen hat.

Das Studium der Medizin ist nur möglich an Universitäten und an speziellen Medizinischen Hochschulen. Es ist eine der längsten Universitätsausbildungen. Bis zum 1. Staatsexamen sollte man etwa sechs Jahre veranschlagen. Für das Medizinstudium sind vor allem drei Voraussetzungen wichtig: gute mathematische und naturwissenschaftliche Begabung, Kommunikationsfähigkeit, soziale Kompetenz, Einfühlungsvermögen sowie körperliche und geistige Belastbarkeit.

Ärzte arbeiten überwiegend selbstständig als Allgemeinmediziner oder als Facharzt. Daneben gibt es Beschäftigungsmöglichkeiten als (angestellte) Krankenhausärzte, als Betriebsärzte und im Gesundheitsdienst (z. B. Gesundheitsamt) oder – mit entsprechenden Zusatzqualifikationen – bei Verbänden, Beratungsfirmen, Versicherungen und medizinischen Verlagen.

6. Technische und ingenieurwissenschaftliche Fächer

Die sechste Gruppe sind die technischen und ingenieurwissenschaftlichen Fächer. Zu dieser Gruppe gehören etwa siebzig verschiedene Einzelfächer, die sich mit der Entwicklung technischer Abläufe beschäftigen, technische Maschinen, Geräte und Werkzeuge entwickeln oder technische Prozesse steuern, Technik weiterentwickeln, die Anwendung der Technik auf neue Bereiche erproben und technisches Denken entwickeln.

Die technischen und ingenieurwissenschaftlichen Fächer sind im Laufe der letzten hundert Jahre aus den Naturwissenschaften entstanden. Viele technische Maschinen und Geräte sind natürlichen Abläufen nachgebaut oder versuchen, natürliche Prozesse in technische Verfahren umzusetzen. Vor diesem Hintergrund ist es einleuchtend, dass sie einen engen Bezug zu den klassischen naturwissenschaftlichen Fächern wie Physik, Chemie, Biologie und vor allem Mathematik haben.

Die Fächergruppe umfasst folgende Einzeldisziplinen, die entweder an Universitäten oder zum Teil an Fachhochschulen studiert werden können:

- Architektur
- Bauingenieurwesen/Bautechnik
- Bekleidungs-/Textiltechnik
- Bergbau
- Betriebstechnik
- Biomedizinische Technik
- Biotechnologie
- Brennstoffingenieurwesen
- Chemieingenieurwesen/Verfahrenstechnik
- Druckereitechnik
- Elektrotechnik
- Feinwerktechnik
- Getränketechnologie
- Gießereitechnik
- Hüttenwesen/Metallkunde
- Informatik
- Kunststofftechnik
- Markscheidewesen
- Maschinenbau/Maschinentechnik (mit vielen Unterfächern wie Fahrzeugtechnik, Fertigungstechnik, Konstruktionstechnik, Luft- und Raumfahrttechnik, Schiffbau usw.)
- Medientechnik
- Produktionstechnik
- Raumplanung
- Recycling
- Umwelttechnik
- Verfahrenstechnik
- Vermessungswesen (Geodäsie)
- Versorgungstechnik/Entsorgungstechnik
- Wasserbau
- Werkzeugtechnik

Das Studium an Universitäten dauert in Bachelor- und Masterstudiengängen bzw. in den überwiegend auslaufenden Diplomstudiengängen etwa fünf bis sechs Jahre. Der universitäre Bachelorstudiengang ist auf drei Jahre (sechs Semester), der universitäre Masterstudiengang auf zwei Jahre angelegt. Verliehen wird der Bachelor bzw. Master of Engineering (B. Eng./M. Eng.) oder der Bachelor/Master of Science (B. Sc./M. Sc.). Bachelor-Fachhochschulstudiengänge umfassen in der Regel dreieinhalb Jahre bzw. sieben Semester, Masterstudiengänge (FH) eineinhalb bis zwei Jahre.

Um ein technisches oder ingenieurwissenschaftliches Fach erfolgreich zu bewältigen, benötigt man Hand- und Fingergeschick, sehr gute mathematische und physikalische Begabung, gutes räumliches Vorstellungsvermögen, Verständnis für technische Zusammenhänge sowie Interesse an der Arbeit mit Maschinen und technischen Anlagen. Wer handwerklich geschickt ist und in Schulfächern wie Physik, Mathematik, Zeichnen und Werken erfolgreich war, sollte sich ein solches Studium zutrauen.

Ingenieure haben ein breites Berufs- und Tätigkeitsfeld, das von Industriebetrieben über Behörden bis hin zu selbstständigen Möglichkeiten reicht. Überall, wo es um technische Neuentwicklungen, um den Einsatz der Technik oder um technische Abläufe oder Fragen geht, trifft man auf technisch ausgebildete Hochschulabsolventen.

Die Berufsperspektiven sind auch in den nächsten Jahren außerordentlich gut, weil der Bedarf an gut ausgebildeten Ingenieuren in den nächsten Jahren eher noch ansteigen wird. Seit Jahren werben Fachleute für diese Studienfächer. Wer über die notwendige Begabung verfügt, studiert in eine beruflich günstige Zukunft.

7. Rechts-, Wirtschafts- und Gesellschaftswissenschaften

Diese Fächer befassen sich im Allgemeinen mit den verschiedenen Aspekten des menschlichen Zusammenlebens und den daraus resultierenden Auswirkungen.

Rechtswissenschaft (Jurisprudenz, deshalb auch Jura genannt) bezieht sich auf das Verständnis, die Auslegung und Weiterentwicklung von rechtlichen Fragen und Zusammenhängen. Hierzu gehört auch die Auseinandersetzung mit der Geschichte des Rechts, seiner Legitimation und

Herleitung (= Rechtsphilosophie) sowie den sozialen und politischen Auswirkungen. Immer wichtiger werden auch die Teilbereiche Rechtsvergleichung (Vergleich mehrerer Rechtssysteme), Europarecht, ferner Internationales Recht.

Das Studium der Rechtswissenschaft ist nur an Universitäten möglich. Veranschlagt werden für Studium und Examen neun bis zehn Semester.

Wirtschaftswissenschaften ist der Oberbegriff für mehrere Studienfächer, die sich mit wirtschaftlichen Fragen, Abläufen, Entwicklungen und Entscheidungen beschäftigen. Hierbei stehen staatliche Entscheidungen und wirtschaftliches Handeln von Unternehmen und Konsumenten im Vordergrund. Je nach Studienfach liegt der Schwerpunkt mehr auf der Gesamtwirtschaft und ihren internationalen Bezügen (Volkswirtschaftslehre, abgekürzt VWL) oder mehr auf den einzelnen Teilen der Wirtschaft, z. B. den Unternehmen (= Betriebswirtschaftslehre, abgekürzt BWL), oder auf der Vermittlung wirtschaftlichen Wissens (Wirtschaftspädagogik). Das Studium der Wirtschaftswissenschaften/Ökonomie verbindet Teile der BWL und VWL zu einem eigenen Fach.

Die Wirtschaftswissenschaften können an Universitäten (VWL, BWL, Wirtschaftspädagogik) und an Fachhochschulen studiert werden, wobei an Fachhochschulen sich das Studienangebot auf die Betriebswirtschaftslehre beschränkt (Ausnahme sind einige wenige Fachhochschulen, die auch VWL anbieten). An Fachhochschulen werden zudem Studiengänge in Wirtschaftsrecht angeboten, die rechts- und wirtschaftswissenschaftliche Inhalte vermitteln.

In den letzten Jahren sind die früher üblichen Diplomstudiengänge fast vollständig auf das Bachelor-/Master-Studienmodell umgestellt worden. Für einen Bachelorstudiengang an Universitäten sollten in der Regel drei Jahre, an Fachhochschulen dreieinhalb Jahre einkalkuliert werden. Wer noch ein Masterstudium draufsetzt, für den verlängert sich die Studienzeit an Universitäten um in der Regel zwei Jahre, an Fachhochschulen um eineinhalb bis zwei Jahre.

Die *Gesellschaftswissenschaften* befassen sich mit allen Erscheinungsformen, Entwicklungen und Problemen des Menschen als gesellschaftlichem Wesen, entweder unter dem Gesichtspunkt individueller Probleme und menschlicher Konflikte und deren Bewältigung (z. B. Psychologie) oder mit gesellschaftlichen Gruppen und sozialen Schichten einschließlich der Konfliktstrategien und Konfliktbewältigungen (z. B. Soziologie) oder mit dem Menschen als Subjekt und Objekt politischer Prozesse und Entscheidungen und mit den Rahmenbedingungen politischen Handelns (= Politologie).

Das Studium dieser Fächergruppe ist an Universitäten und an einigen anderen wissenschaftlichen Hochschulen möglich. Für das Studium sollten etwa fünf bis sechs Jahre in kombinierten Bachelor- und Masterstudiengängen einkalkuliert werden, für Bachelorstudiengänge an Universitäten drei Jahre, an Fachhochschulen dreieinhalb Jahre, für weiterführende Masterstudiengänge an Universitäten plus zwei Jahre, an Fachhochschulen eineinhalb bis zwei Jahre. Die Diplom- und Magisterstudiengänge sind überwiegend im Auslaufen begriffen.

Die Gruppe Rechts-, Wirtschafts- und Gesellschaftswissenschaften umfasst folgende Einzelfächer:

- Volkswirtschaftslehre
- Betriebswirtschaftslehre
- Wirtschaftswissenschaften/Ökonomie (Verbindung von VWL und BWL)
- Technische Betriebswirtschaftslehre
- Politikwissenschaft
- Rechtswissenschaft
- Sozialwissenschaften
- Soziologie
- Sozioökonomie
- Psychologie
- Verwaltungswissenschaft
- Statistik (Hilfswissenschaft für die Wirtschafts- und Gesellschaftswissenschaften)
- Wirtschaftsingenieurwesen (Verbindung von Wirtschaftswissenschaften und Ingenieurwissenschaften)
- Wirtschaftspädagogik
- Wirtschaftsrecht

Studierende benötigen für das Studium dieser Fächer Kommunikationsfähigkeit und sprachliche Ausdrucksfähigkeit, Spaß am Arbeiten mit Zahlen und Daten, Interesse für wirtschaftliche Fragestellungen und Abläufe oder für rechtliche Fragen.

Von Juristen wird behauptet, dass sie gute Leistungen in den Schulfächern Deutsch, Mathematik und Latein gehabt haben sollen.

Bei den Wirtschaftswissenschaften werden Begabungen in Mathematik, Deutsch und Wirtschaftskunde für wichtig erachtet. Wer kein Interesse an wirtschaftlichen Fragen hat und noch nie den Wirtschaftsteil einer Zeitung gelesen hat, sollte diese Studienwahl nicht treffen.

Wichtige Voraussetzungen für Psychologen sind Belastbarkeit, Kontaktfähigkeit, soziale Kompetenz, Einfühlungsvermögen und die Fähigkeit zum aktiven Zuhören.

Bei den Gesellschaftswissenschaften ist ein Interesse an Fächern wie Gemeinschaftskunde, Sozialkunde und Geschichte hilfreich. Auch eine mathematische Grundbegabung ist von Vorteil, weil in diesen Fächern Statistik eine Rolle spielt.

Juristen sind entweder im Justizdienst als Richter, Staatsanwälte und Notare, selbstständig als Rechtsanwälte und Steuerberater oder angestellt in Behörden oder Unternehmen tätig.

Wirtschaftswissenschaftler findet man überall, wo es um Wirtschaftsplanung, Geld oder Zahlen geht. Sie arbeiten im kaufmännischen Bereich von Banken und Versicherungen, von Industrie- und Handelsbetrieben, in Behörden, als selbstständiger Unternehmer oder freiberuflich, z. B. als Wirtschaftsprüfer oder Unternehmensberater.

Gesellschaftswissenschaftler haben hingegen kein fest umrissenes Berufsfeld. Sie suchen Tätigkeiten in den Medien, bei staatlichen Behörden, in der Politik und Politikberatung, in der Erwachsenenbildung und in der Presse- und Öffentlichkeitsarbeit.

8. Sozialwesen

Die achte Fächergruppe heißt Sozialwesen und ist mit den Gesellschaftswissenschaften eng verbunden. Während die Gesellschaftswissenschaften gesellschaftliche Entwicklungen und Probleme vorwiegend theoretisch untersuchen, befasst sich das Sozialwesen mehr mit der praktischen Bewältigung sozialer Probleme. Es versucht, Menschen in individuellen Notlagen Hilfen zu geben, um deren eigene Kräfte zu entwickeln; es versucht, Menschen zu verantwortlichem Handeln anzuleiten, Notständen vorzubeugen und Wissen über die Zusammenhänge von Gesellschaft, Konflikten und deren Lösungen anderen Menschen zu vermitteln.

Das Sozialwesen umfasst die Fächer Sozialarbeit und Sozialpädagogik (Studium an wissenschaftlichen Hochschulen und an Fachhochschulen) sowie kirchliche Bildungsarbeit (vor allem an konfessionellen Fachhochschulen).

In den letzten Jahren sind die Diplomstudiengänge fast vollständig auf das Bachelor-/Master-Studienmodell umgestellt worden. Bachelorstudiengänge in diesem Bereich schließen nach drei Jahren an Universitäten und in der Regel nach dreieinhalb Jahren an Fachhochschulen ab. Für ein darauf aufbauendes Masterstudium müssen an Universitäten weitere zwei Jahre, an Fachhochschulen eineinhalb oder zwei Jahre Studienzeit veranschlagt werden.

Von Sozialarbeitern und Sozialpädagogen werden folgende Fähigkeiten erwartet: Hineindenken in die Probleme anderer Menschen, Lösungen für diese Probleme finden, sicherer Umgang mit anderen Menschen, sich stets auf neue Situationen und andere Menschen einstellen können und Menschen helfen. Deshalb sind hohe psychische Belastbarkeit, Kontaktfreude und Kontaktfähigkeit, viel Einfühlungsvermögen in die soziale Situation, die Fähigkeit zum Zuhören und Handlungsbereitschaft erforderlich. Gefragt ist viel Idealismus, allerdings sollte der Idealismus in der Sache (anderen Menschen helfen wollen) begründet sein und nicht in der Person, weil Selbstverwirklichung in diesem Beruf nur eine untergeordnete Rolle spielt.

Absolventen dieser Studiengänge findet man in der Familienfürsorge, in der Jugend- und Sozialhilfe, in der Strafrechtshilfe, als Leiter von pädagogischen Einrichtungen oder in städtischen Behörden, die in sozialen Fragen beraten. Sie sind überwiegend als Angestellte tätig.

9. Pädagogik und Erziehungswissenschaften

Die neunte Gruppe sind die pädagogischen und erziehungswissenschaftlichen Fächer. Hierzu gehören auch die sogenannten Lehramtsfächer.

Die Pädagogik hat ein weites Einsatzfeld: von der Pädagogik des Kindes bis zur Pädagogik des alten Menschen, von der schulischen Bildung bis zur beruflichen Weiterbildung.

Den Schwerpunkt der pädagogischen Fächer bilden die sogenannten Lehramtsfächer. In Deutschland werden Lehrerinnen und Lehrer für folgende Schularten ausgebildet:

- Lehramt an Grund- und Hauptschulen
- Lehramt an Sonderschulen (Sonderpädagogik)
- Lehramt an Realschulen
- Lehramt an Gymnasien
- Lehramt an beruflichen/berufsbildenden Schulen

Die Lehramtsausbildung umfasst die Kombination von zwei oder drei Fächern, allgemeine Pädagogik (Grundlagen der Pädagogik, Schulpädagogik, psychologische Pädagogik, gesellschaftskundliche Fächer), die auf das jeweilige Fach ausgerichtete pädagogische Vermittlung (fachwissenschaftlich-didaktische Ausbildung) sowie verschiedene Schulpraktika. Auf die Ausbildung an den Hochschulen (Universitäten, Pädagogische Hochschulen sowie in Einzelfällen an Musik- und Kunsthochschulen), die zwischen dreieinhalb Jahren (Lehramt an Grund- und Hauptschulen) und fünf bis sechseinhalb Jahren (Lehramt an Gymnasien) dauert, folgt eine, je nach Bundesland, 18- bis 24-monatige praktische Vorbereitungsphase, auch Referendariat genannt.

Die Gruppe der Lehramtsfächer umfasst folgende Einzelfächer (alle Schulstufen):

- Deutsch
- Mathematik
- Religionslehre
- Erdkunde
- Sozialkunde
- Musik
- Bildende Kunst/Werken
- Sport

Hinzu kommen folgende Fächer:
- Geschichte
- Englisch
- Französisch
- Hauswirtschaft
- Wirtschaftslehre
- Physik
- Chemie
- Biologie
- Informatik
- Latein
- Griechisch
- und andere europäische Fremdsprachen

Die Fächer der Sonderpädagogik umfassen:

- Blindenpädagogik
- Sehbehindertenpädagogik
- Gehörlosenpädagogik
- Schwerhörigenpädagogik
- Geistigbehindertenpädagogik
- Körperbehindertenpädagogik
- Lernbehindertenpädagogik
- Sprachbehindertenpädagogik
- Verhaltensgestörtenpädagogik (einschließlich Soziologie, Psychologie und Recht der Behinderten)

Für das Lehramt an beruflichen/berufsbildenden Schulen werden Berufsschullehrer/innen ausgebildet, die theoretische Kenntnisse und fachpraktische Fertigkeiten für spätere Berufe vermitteln. Je nach Berufsfeld gibt es verschiedene Ausrichtungen: Technik, Naturwissenschaft, Ernährungs- und Hauswirtschaft, Landwirtschaft und Gartenbau, Sozialpädagogik, Gestaltung und Wirtschaft. Entweder werden zwei berufliche Fachrichtungen kombiniert oder ein berufliches Fach mit einem allgemeinbildenden wie etwa Deutsch, Englisch, Mathematik, Biologie, Chemie usw.

Da die Lehramtsausbildung Sache der einzelnen Bundesländer ist, ergeben sich, was Fächerkombinationen, Dauer der Ausbildung, Studienstruktur (Bachelor-/Master-Studienmodell oder Staatsexamensstudiengänge) und Prüfungen anbelangt, zum Teil erhebliche Unterschiede. Das Gleiche gilt für die künftigen Berufsperspektiven.

Auch für die Fächer der Gruppe Pädagogik und Erziehungswissenschaften wird die Fähigkeit erwartet, sich in die Probleme anderer hineindenken und Sachverhalte vermitteln zu können, Geduld und sicherer Umgang mit anderen Menschen.

Beim Lehramt an Schulen ist es neben der Begabung für die jeweiligen Schulfächer wichtig, eine natürliche pädagogische Veranlagung zu haben, sich allgemeinverständlich ausdrücken zu können und viel Geduld zu üben.

Pädagogen und Erziehungswissenschaftler arbeiten in erster Linie im staatlichen Schuldienst. Daneben sind sie in der Erwachsenenbildung und in Bildungseinrichtungen von Kirchen, Verbänden und Unternehmen, aber auch in der betrieblichen Weiterbildung tätig, vor allem die Wirtschaftspädagogen.

10. Informationswissenschaften

Die Informationswissenschaften beschäftigen sich damit, Informationen zu beschaffen, sie zu sammeln, zu verarbeiten und weiterzugeben. Diese Informationen werden dann entweder speziellen Benutzern zur Verfügung gestellt oder in den Medien (Zeitungen, Zeitschriften, Fernsehen, Hörfunk usw.) verbreitet. Zu dieser Gruppe gehören auch Fächer, die sich theoretisch mit der menschlichen Kommunikation beschäftigen. Die Informationswissenschaften stehen in engem Bezug zu einigen technischen Fächern, deren Methoden und Verfahren (z. B. Elektronik und Computer) sie für die Informationsverarbeitung und -verbreitung verwenden.

Die Gruppe umfasst folgende Einzelfächer:

- Buchwissenschaft
- Bibliothekswissenschaft
- Computerlinguistik
- Dokumentation/Medizinische Dokumentation
- Journalistik

- Publizistik
- Kommunikationswissenschaft
- Medienwissenschaft

Das Studium dieser Fächer erfolgt an Universitäten; Ausnahmen sind die Studiengänge Dokumentation und Bibliothekswissenschaft, die überwiegend an Fachhochschulen angeboten werden. Die Magister- und Diplomstudiengänge sind fast komplett auf das Bachelor-/Master-Studienmodell umgestellt worden.

Bei den Informationswissenschaften sind folgende Dinge wichtig: gründliches Arbeiten, keine Angst vor Zahlen- und Datenmengen und sprachliche Ausdrucksfähigkeit. Außerdem spielen die modernen elektronischen Systeme eine immer größere Rolle bei der Beschaffung, Strukturierung, Auswertung und Weiterleitung von Daten und Informationen. Informatikkenntnisse sind deshalb unbedingt erforderlich.

Gute Journalisten und andere Medienspezialisten sollten Folgendes beherrschen: komplizierte Vorgänge verstehen, allgemeinverständlich schreiben, verlässlich recherchieren, notwendige Überzeugungsarbeit leisten und ihre Vorhaben durchsetzen. Das alles genügt aber noch nicht. Es gibt bekanntlich nichts Spannenderes als die Zeitung von morgen und nichts Langweiligeres als die von gestern. Besonders wichtig ist deshalb die Fähigkeit, unter Zeitdruck zu arbeiten.

Informationswissenschaftler findet man vor allem in den Medien, bei Zeitungen und Zeitschriften, beim Rundfunk und beim Fernsehen, in Pressebüros und Dokumentationsstellen von Unternehmen und Behörden.

11. Freie und Angewandte Kunst sowie Musik und Theater

In der Fächergruppe Freie und Angewandte Kunst sowie Musik und Theater, die aus einer Vielzahl einzelner Fächer besteht, werden 1. künstlerisch hochbegabte Personen durch ein Hochschulstudium so weit ausgebildet, dass sie eigenständige künstlerische Arbeiten schaffen können (entweder freischaffend oder angestellt), 2. Personen ausgebildet, die als Pädagogen künstlerisch Begabte an speziellen Schulen fördern (z. B. an Musikschulen), oder 3. Lehrer für Kunst oder Musik an allgemeinbildenden Schulen.

Zur Gruppe Freie und Angewandte Kunst zählen folgende Studiengänge:

- Bildhauerei
- Bühnenbild
- Bühnenkostüm
- Design (u. a. Grafikdesign, Industrial Design, Modedesign)
- Druck
- Fotografie
- Film
- Gestaltung/Gestaltungstechnik
- Glasgestaltung
- Goldschmiedekunst/Silberschmiedekunst
- Grafik
- Innenarchitektur
- Keramik
- Malerei
- Restaurierung
- Textilgestaltung
- Videokunst

Die Hochschulen für Musik und/oder Theater haben folgende Ausbildungsmöglichkeiten:

- Dirigieren
- Chor- und Orchesterleitung
- Instrumente und Gesang
- Kirchenmusik
- Komposition
- Musiktheorie
- Musikerziehung
- Oper (Solo- und Chorgesang)
- Regie (Oper und Schauspiel)
- Rhythmik
- Schauspiel
- Musical
- Szenisches Schreiben
- Tanz

- Tanzpädagogik für Berufs- und Laientanz
- Tonmeister

Ausgebildet wird an Fachhochschulen, Kunst- und Musikhochschulen sowie Hochschulen für Film, Fernsehen und Schauspielkunst. Das Studium dauert etwa fünf bis sechs Jahre (Schauspiel vier Jahre). Mögliche Abschlüsse sind entweder das Diplom (seltener), eine künstlerische oder musikalische Reifeprüfung oder ein Bachelor- bzw. Mastergrad.

Die Voraussetzungen zum Studium bedürfen keiner besonderen Erläuterung, weil die Aufnahme in eines der Fächer eine umfangreiche Überprüfung der Begabung voraussetzt.

Die Absolventen der künstlerischen Hochschulen sind, je nach abgeschlossenem Studienfach, entweder als freischaffende Künstler oder in entsprechenden künstlerischen Engagements tätig. Ferner als Lehrer an allgemeinbildenden Schulen oder an Kunst- oder Musikschulen oder als angestellte Gestalter/Designer in Unternehmen.

12. Sport und Gesundheit

Zu dieser Fächergruppe gehören die Studiengänge Sport für das Lehramt an Schulen, die an der Deutschen Sporthochschule Köln, einer Reihe von Universitäten und an Pädagogischen Hochschulen studiert werden können. Die Studiengänge werden – je nach Bundesland – mit einem Bachelor- und Mastergrad oder dem Staatsexamen abgeschlossen.

Hinzu kommen Sportstudiengänge, die für eine Tätigkeit in Vereinen, Verbänden, bei Sportartikelherstellern, in Tourismusunternehmen, in Gesundheits- und Rehabilitationseinrichtungen sowie in den Medien ausbilden. Folgende Studiengänge stehen etwa zur Auswahl:

- Sportwissenschaft/Prävention
- Sportwissenschaft/Rehabilitation
- Sport, Erlebnis, Bewegung
- Sporttourismus
- Sport und Leistung
- Sportmanagement
- Sportpsychologie
- Sportpublizistik/Sportkommunikation
- Sporttechnologie

Die Studiengänge sind – bis auf Sportmanagement, das auch an Fachhochschulen angeboten wird – an den Universitäten angesiedelt. Ausgebildet wird im Bachelor-/Master-Studienmodell.

Eine Ausweitung haben in den letzten Jahren die Gesundheitsstudiengänge erfahren, wozu die Studiengänge Physiotherapie, Ergotherapie und Logopädie zählen. Waren diese Ausbildungen früher allein Berufsfachschulen vorbehalten, können sie jetzt als duales Studium (Berufsfachschulausbildung und FH-Studium kombiniert) absolviert werden. In den ersten drei Jahren findet die Ausbildung an mit der Fachhochschule verbundenen Berufsfachschulen statt, parallel hierzu absolvieren die Studierenden spezielle Lehrveranstaltungen an der Fachhochschule. Nach diesen drei Jahren folgen zwei bis drei Semester reines Fachhochschulstudium.

Die richtigen Überlegungen anstellen: Die Wahl des Studienfaches

Eine wichtige Frage bei der Studienwahl lautet: Wie kann ich herausfinden, ob ich für das Studium generell geeignet bin, und wie finde ich das richtige Studienfach?

Wir beginnen diese Überlegungen mit einer Behauptung: Die wichtigsten Kriterien für ein erfolgreiches Studium sind Interesse und Begabung. Nur diejenigen, die für das gewählte Studienfach die erforderlichen fachlichen Voraussetzungen mitbringen, haben die Chance, das Studium zu schaffen. Es leuchtet ein, dass niemand ein Handwerk erlernen wird, der handwerklich nicht geschickt ist. Anders beim Hochschulstudium: Viele Studierende entscheiden sich nicht nach Interesse und Begabung, sondern weil sie gehört haben, dass bestimmte Studienfächer gute Berufschancen oder hohe Verdienstmöglichkeiten bieten.

Abgesehen davon, dass niemand genau weiß, welche Studienfächer in fünf oder mehr Jahren auf dem Arbeitsmarkt gefragt sind, wie die Verdienstmöglichkeiten sind und welche beruflichen Möglichkeiten die einzelnen Fächer dann eröffnen werden, gibt es handfeste Gründe, sich *nicht* an diesen Kriterien zu orientieren. Wer im Berufsleben das umsetzen kann, was er über mehrere Jahre im Studium mit Spaß und Erfolg gemacht hat, wird sich leichter im Berufsleben zurechtfinden und auch berufliche Zufriedenheit erlangen. Was einem selbst Spaß macht, motiviert andere. Ein gutes Arbeitsklima ist häufig das Ergebnis davon, dass Leute mit Freude bei der Arbeit sind.

Hat man sich trotz fehlender Eignung und Begabung lange Jahre durch Studium und Examen gequält und mit viel Glück oder Beziehungen eine Arbeit gefunden, trifft man auf Anforderungen im Beruf, die man im Studium schon kaum bewältigen konnte. Das Berufsleben macht dann keinen Spaß, auch wenn die Bezahlung gut ist. Unzufriedenheit im Beruf belastet nicht nur während der Arbeit, sondern auch in der Freizeit und im persönlichen Umfeld.

Was die ganze Sache noch verschlimmert, ist der Umstand, dass ein Studium einige Jahre, das Berufsleben hingegen mehrere Jahrzehnte dauert. Kein Mensch kann dies auf Dauer durchhalten, ohne seelischen Schaden zu nehmen.

Es gibt, wie wir gesehen haben, etwa 180 verschiedene Studienfächer. Für das Studium werden, erst einmal unabhängig vom konkreten Studienfach, einige allgemeine Voraussetzungen verlangt, für das jeweilige Studienfach wiederum besondere Begabung, Interesse und Kenntnisse, zum Beispiel Fremdsprachenkenntnisse.

Allgemeine Voraussetzung für ein Studium, dies gilt für jedes Studienfach, ist die Fähigkeit, logisch und rational denken zu können. Zur Bewältigung eines Studiums gehört ferner, sich mehrere Jahre intensiv mit den verschiedenen Themen des Faches zu beschäftigen, auch mit solchen, die man weniger interessant oder wichtig findet. Dies setzt die Fähigkeit zu ausdauerndem Arbeiten voraus.

Eine weitere wichtige Voraussetzung ist der sichere Umgang mit der Sprache. Gedankliche und sprachliche Ausdrucksfähigkeit wird von allen künftigen Akademikern erwartet. Dies heißt erst einmal Beherrschen der eigenen Sprache. Je nach Standpunkt mag das für die einen revolutionär, für die anderen altmodisch klingen. Deshalb präzisieren wir die Aussage: Beherrschen der Muttersprache heißt, die wichtigsten Rechtschreib- und Grammatikregeln zu kennen; zu wissen, nach welchen Prinzipien Sätze und Texte aufgebaut werden und wie man sich verständlich ausdrückt. Dies gilt für die gesprochene und die geschriebene Sprache. Es gibt kein Studienfach, egal ob an Universitäten oder an Fachhochschulen, in dem man auf einen dieser Punkte verzichten könnte. Deshalb ist gutes Deutsch eine Voraussetzung für alle Studienfächer.

Wer sein Abitur oder die Fachhochschulreife an einer Schule bestanden hat, an der auf diese Dinge weniger Wert gelegt wurde, wird im Studium wahrscheinlich sehr bald die Erfahrung machen, dass die Texte, die schwere sprachliche Fehler und Regelverstöße aufweisen, nicht nur – wie an der Schule – mit einem Notenabzug geahndet werden, sondern im ungünstigsten Fall als nicht bestanden bewertet oder (im günstigsten Fall) zur sprachlichen und gedanklichen Überarbeitung zurückgegeben werden. Nach einer solchen Erfahrung bleibt nichts anderes übrig, als sich im Schnellverfahren mit den wichtigsten Regeln der deutschen Sprache vertraut zu machen.

Während die Bedeutung der Muttersprache als Voraussetzung zum Studium häufig unterschätzt wird, werden Fremdsprachenkenntnisse zumeist überbewertet. Richtig ist, dass Englisch eigentlich keine Fremdsprache mehr ist, sondern in fast jedem Studienfach eine wichtige Rolle spielt, weil entweder viele Fachausdrücke aus dem Englischen stammen oder weil ein Teil der Literatur zu Themen des Faches in englischer Sprache geschrieben ist. Dies gilt vor allem für englischsprachige Fachbücher, von denen die wenigsten in deutscher Übersetzung vorliegen.

Die Englischkenntnisse, die man an der Schule gelernt hat, reichen in aller Regel als Grundlage aus, um darauf den Fachwortschatz aufzubauen.

Die Kenntnis weiterer europäischer Fremdsprachen, z. B. Französisch oder Spanisch, erleichtert den Einstieg in das eine oder andere Studienfach, ist aber, abgesehen vom direkten Studium dieser Fächer, für den Studienerfolg nicht entscheidend. Fast jede Hochschule bietet außerdem die Möglichkeit, solche Sprachen in kostenlosen Kursen zu erlernen.

Wer glaubt, Latein sei mittlerweile völlig unnötig, irrt. Für viele sprach-, literatur- und kulturwissenschaftliche Fächer werden Kenntnisse des Lateinischen benötigt, da viele europäische Sprachen vom Lateinischen stark beeinflusst wurden und ein Verständnis von Geschichte und Kultur nicht ohne Kenntnis der antiken Welt möglich ist. Eine Reihe von Hochschulen verlangt für diese Fächer das Latinum oder eine ähnliche Sprachprüfung. Auch bei Fächern wie Rechtswissenschaft, Pharmazie, Medizin, Biologie u. Ä. leuchtet es ein, dass Grundkenntnisse des Lateinischen sinnvoll sind, um die Fachausdrücke verstehen zu können. Hierfür werden aber Kurse zum Verständnis der wichtigsten (lateinischen) Fachtermini angeboten.

Es gibt einzelne Fächer, bei denen man umfangreiche Lateinkenntnisse im Studium benötigt. Hierzu gehören neben dem Studium der Klassischen Philologie Fächer wie Geschichte, Archäologie, Romanische Sprachen und Theologie. Wer über die geforderten Lateinkenntnisse beim Studienbeginn nicht verfügt, hat die Möglichkeit, in Schnellkursen Versäumtes (mit allerdings recht viel Arbeitsaufwand) nachzuholen.

Niemand erwartet hingegen, dass beim Studium von Sprachen, die nicht überall ein Schulfach sind, bei Studienbeginn die entsprechenden Fremdsprachenkenntnisse vorhanden sind. Wer Russisch, Japanisch oder Portugiesisch studieren will, beginnt im ersten Semester mit entsprechenden Anfängerkursen.

Neben den genannten allgemeinen Voraussetzungen zum Studium werden besondere Begabungen für einzelne Studienfächer erwartet. Bei Fächern wie Kunst, Musik oder Sport leuchtet dies direkt ein. Aus diesem Grund verlangen Hochschulen für Sport, Kunst und Musik einen entsprechenden Nachweis der besonderen Eignung für das jeweilige Studienfach. Hiermit soll verhindert werden, dass sich Abiturienten in falscher Einschätzung ihrer Begabung und Interessen in Studienfächer verirren, für die sie nicht optimal geeignet sind. Auch dort gibt es sicherlich das eine oder andere unerkannte Genie, das an der Aufnahmeprüfung scheitert. Aus diesem Grund wird allen, die sich nach reiflicher Überlegung und auch nach Einholung von anderen Meinungen (Fremdeinschätzung) für eines der genannten Studienfächer geeignet fühlen, nahegelegt, es auch noch bei anderen Hochschulen zu versuchen.

Zusätzlich zu den oben genannten Studiengängen gibt es in Deutschland auch schon viele Jahre Aufnahmeprüfungen für das Übersetzer- und Dolmetscherstudium und für Journalistikstudiengänge.

Bis 2005 waren für alle weiteren Studienfächer Hochschul-Aufnahmeprüfungen nicht üblich, erst seitdem sind verstärkt entsprechende Auswahlverfahren eingeführt worden.

Trotzdem bleibt besondere Vorsicht bei der Fächerwahl geboten. Für viele Studiengänge überprüft niemand, wer für das Studium generell und den gewählten Studiengang geeignet ist. Bedenken Sie diesen Sachverhalt genau: Niemand überprüft Ihre Entscheidung oder, falls andere Ihnen die Entscheidung abgenommen haben, deren Einschätzung. Vorausgesetzt Sie haben eine gute Abiturdurchschnittsnote, können Sie in einer Vielzahl von Studienfächern beginnen, ohne dass irgendjemand Sie irgendwann einmal fragen würde, ob Sie hierfür auch geeignet sind. Selbst mit einem schlechten Abitur können Sie sich in viele Studienfächer ohne jede Beschränkung einschreiben.

Wenn Sie bei der Studienwahl die falsche Entscheidung getroffen haben, tragen Sie das alleinige Risiko. Jeder Berufsberater und jeder Hochschullehrer würde sich den Hinweis auf eine Mitschuld verbitten. Sie entscheiden und tragen die uneingeschränkte Verantwortung.

Im Info-Dschungel: Diese Informationsquellen sollte man nutzen

Die Informationsflut, die auf künftige Abiturienten einströmt, ist groß. Man muss also zunächst einmal aus der Fülle von Informations- und Beratungsmöglichkeiten die für die eigene Entscheidung wichtigen und richtigen herausfinden.

Die Auskünfte, die von allen möglichen Seiten gegeben werden, sind überaus vielfältig und häufig sehr widersprüchlich. Versucht man nun, sich die richtigen Informationen zu beschaffen, kommt man sich oft so vor, als ob man in einem schwer durchdringbaren Dschungel den Weg sucht. Von Eltern, Lehrern, Bekannten und Freunden wird man mit wohlgemeinten Ratschlägen überschüttet, ob man studieren soll oder nicht und welches Studienfach das richtige sei. Von Firmen, von der Arbeitsagentur und von den Hochschulen erhält man interessante, aber häufig schwer lesbare Broschüren und Informationshefte. Und wer schon mal eine Hochschule aufgesucht hat, weiß, wie viele verschiedene Informations- und Beratungsmöglichkeiten es dort gibt.

Aus diesem großen, unübersichtlichen Angebot entstehen häufig Irritationen, die zu einer falschen oder vorschnellen Entscheidung führen können. Viele Probleme im Studium haben ihre Ursache in ungenügenden oder falschen Informationen vor dem Studium. Die Tatsache, dass etwa 25 bis 30 Prozent aller Studierenden in den ersten Semestern das Studienfach wechseln oder das Studium abbrechen, ist ein Beweis, dass sie entweder nicht ausreichend oder falsch informiert wurden.

Daher möchten wir Ihnen Tipps zu folgenden Fragen geben: Welche Informationsmöglichkeiten gibt es? Welche Informationen werden überhaupt benötigt? Wo sind diese Informationen erhältlich?

Die folgende Übersicht über die verschiedenen Informations- und Beratungsmöglichkeiten soll als Wegweiser für die anschließenden Erläuterungen dienen; lassen Sie sich also nicht abschrecken, wenn Sie mit den meisten Begriffen so nichts anfangen können.

Informationsmöglichkeiten über das Studium

1. Bundesagentur für Arbeit

- Berufsberatung (ca. ein bis eineinhalb Jahre vor der beruflichen Ausbildung oder dem Studienbeginn)
- Berufsinformationszentrum (abgekürzt BiZ, spezielle Einrichtung der Arbeitsagentur für die Berufswahl) als erste Orientierung

2. Hochschule

- Zentrale Studienberatung (ZSB, Informationsstelle für alle Studienfragen)
- Fachstudienberatung (Informationen über spezielle Fragen zu einem bestimmten Studienfach)
- Studentische Beratung (Informationen von Student zu Student)
- Studentenwerk (Mensa, Wohnheime, Zimmersuche)
- Amt für Ausbildungsförderung (BAföG)
- Studentensekretariat (Bewerbung, Einschreibung etc.)
- Behindertenberatung

3. Schriftliche Informationsquellen

- *Studien- und Berufswahl* (wird kostenlos in der vorletzten Jahrgangsstufe in den Schulen verteilt)
- *abi* (liegt in der Schule oder der Arbeitsagentur aus, oder kann unter *www.abi-magazin.de* eingesehen werden)
- Fachstudienführer (im Buchhandel erhältlich)
- Hochschulführer (bei der Zentralen Studienberatung einer Hochschule zu bestellen)

- Vorlesungsverzeichnis (bei der Zentralen Studienberatung der Hochschule und im Buchhandel der Stadt erhältlich oder auf der Hochschul-Homepage einsehbar)
- Studien- und Prüfungsordnungen (bei der Zentralen Studienberatung einer Hochschule oder den Fachstudienberatern erhältlich oder auf der Homepage der jeweiligen Hochschule herunterladbar)

4. Recherche im Internet

- *www.studienwahl.de* oder *www.hochschulkompass.de* (Datenbanken zur Suche nach Studiengängen)
- *www.abi-magazin.de*
- Homepage der Hochschule (s. auch S. 174 ff.)
- *www.einstieg.com, www.startschuss-abi.de, www.azubitage.de* (Abiturientenmessen)

Welche Informationen bekomme ich woher?
Die Bundesagentur für Arbeit, die es in jeder größeren Stadt gibt, hat eine Beratungsstelle für Abiturienten und Fachoberschüler. Dort erhält man im persönlichen Gespräch Informationen über die Möglichkeiten nach dem Abitur oder nach dem Fachabitur. In den größeren Städten verfügen die Agenturen über Berufsinformationszentren, Abkürzung BiZ. Dort kann man sich selbstständig anhand von vielfältigen Unterlagen und Materialien über Ausbildungs- und Berufsmöglichkeiten informieren.

Die Adresse der nächstgelegenen Arbeitsagentur und des Berufsinformationszentrums findet man im Telefonbuch.

Wichtige Informationen enthält die Broschüre *Studien- und Berufswahl*, die von den Arbeitsagenturen in der vorletzten Jahrgangsstufe kostenlos an alle künftigen Abiturienten verteilt wird. Wer dieses Buch derzeit noch nicht hat, findet es in der Schulbücherei oder bekommt es bei der Arbeitsagentur. *Studien- und Berufswahl* enthält auf fast 700 Seiten eine Fülle von Informationen zum Studium und zu allen Ausbildungsmöglichkeiten außerhalb der Hochschule.

Hilfreich sind auch die Informationen in den *abi*-Heften, die an jeder Schule und Arbeitsagentur ausliegenund auch über *www.abi-magazin.de* eingesehen werden können.

Von Nutzen können auch sogenannte Fachstudienführer sein. Dabei handelt es sich um Informationsschriften zu einem Studienfach (zum Beispiel Germanistik oder Umweltwissenschaften) oder zu mehreren Studienfächern, die zu einer gemeinsamen Fächergruppe gehören (beispielsweise Ingenieurwissenschaften, Sprach- und Kulturwissenschaften). Die Bücher enthalten Informationen darüber, an welchen Hochschulen dieses Fach oder diese Fächergruppe studiert werden kann, welche Inhalte das Fach hat, wie es aufgebaut ist, welche Schwerpunkte es an den einzelnen Hochschulen hat, welche Abschlüsse möglich sind und welche beruflichen Möglichkeiten offenstehen. Es gibt praktisch zu jedem Fach einen Fachstudienführer. Jede gute Buchhandlung ist in der Lage, über Fachstudienführer zu informieren und sie zu bestellen. Fachstudienführer, die zwischen 10 und 20 Euro kosten, sollte man sich aber erst dann anschaffen, wenn man sich bereits grob für ein Studienfach entschieden hat oder wenn man ein Fach in die engere Auswahl gezogen hat.

Die Hochschulen haben verschiedene Beratungs- und Informationseinrichtungen, die aber meistens nur über die eigene Hochschule und in aller Regel nicht über andere Hochschulen informieren.

Die erste Anlaufstelle für Studienanfänger ist die Zentrale Studienberatung einer Hochschule, mancherorts Allgemeine Studienberatung genannt. Die Zentrale Studienberatung, ZSB abgekürzt, gibt einen Überblick zu allen Fragen des Studiums an dieser Hochschule in Form von telefonischen Auskünften, schriftlichen Materialien, persönlichen Beratungen und Gruppenveranstaltungen. Sie hilft Studieninteressenten bei der Wahl des richtigen Faches, Studierenden bei studienbedingten Problemen und Examinierten beim Berufseinstieg.

Die meisten Studienberatungsstellen verschicken auf Anfrage sogenannte Hochschulführer und andere Informationsmaterialien, die Auskunft darüber geben, welche Fächer es an dieser Hochschule gibt, welche Schwerpunkte die einzelnen Fächer haben, wie viele Personen dort studieren, welche Hochschuleinrichtungen, örtlichen Besonderheiten und weitergehenden Beratungsmöglichkeiten es gibt.

Ebenfalls von den ZSB oder im lokalen Buchhandel erhält man (gegen Gebühr) das *Vorlesungsverzeichnis* der Hochschule. Es enthält Informationen darüber, welche konkreten Lehrveranstaltungen es im nächsten

Semester gibt, welcher Dozent die Veranstaltung leitet und zu welchem Zeitpunkt und an welchem Ort sie stattfindet. Vielfach ist es auch auf der Hochschul-Homepage eingestellt.

Bei der Studienberatung sind auch *Studien- und Prüfungsordnungen* für die einzelnen Fächer erhältlich, wenn sie nicht auf der Homepage der jeweiligen Hochschule zu finden sind. Sie enthalten Informationen, welche Lehrveranstaltungen man in den jeweiligen Semestern oder Ausbildungsabschnitten in einem Studiengang besuchen muss, mit welchem Leistungsnachweis die jeweilige Lehrveranstaltung abschließt, ob es eine Zwischenprüfung gibt und welche Anforderungen sie stellt und wie die Bedingungen für das Abschlussexamen sind.

Die ZSB gibt auch Informationen über Einführungsveranstaltungen für Erstsemester.

Die zweite wichtige Beratungsstelle an der Hochschule ist die Fachstudienberatung.

Die Fachstudienberatung hat die Aufgabe, spezielle Fragen zu einem Fach oder zu einer Fächergruppe zu beantworten. Die Fachstudienberater, die zumeist Hochschullehrer sind, helfen bei der Erstellung eines Studienplans, der Wahl der Lehrveranstaltungen und informieren über den Ablauf von Einzel- und Abschlussprüfungen.

Die Adressen der Fachstudienberater stehen im Vorlesungsverzeichnis, können bei den Zentralen Studienberatungsstellen erfragt werden oder sind auf der Homepage der Hochschule zu finden.

Zuweilen sind hier auch Tutoren tätig, Studierende, die den Studienanfängern bei der Erstellung des Stundenplans und bei der Orientierung in den ersten Wochen des Studiums behilflich sind.

Des Weiteren gibt es die studentische Beratung. Hier unterscheidet man zwischen der Ebene des Faches (Fachschaften) und der Ebene der gesamten Student/inn/enschaft (Studentenparlament, Allgemeiner Studentenausschuss, abgekürzt AStA). Die Studierenden, die ja vor dem Studium die gleichen Probleme mit der richtigen Studienwahl hatten, sind gerne bereit, die künftigen Mitstudenten (Kommilitonen) mit Rat und Tat zu unterstützen. Sie helfen bei der Erstellung des Stundenplans und organisieren Einführungsveranstaltungen zum Kennenlernen.

Eine weitere Einrichtung der Hochschule ist das Studentenwerk. Es ist für alle sozialen Belange der Studierenden zuständig, wie z. B. für Unterkunft (Studentenwohnheimplätze, Vermittlung von Zimmern auf dem freien Wohnungsmarkt) und Verpflegung (Mensen, Cafeterien), oder für Studierende mit Kindern. In jedem Studentenwerk ist auch das Amt für Ausbildungsförderung angesiedelt. Dort sind Informationen über die Studienfinanzierung erhältlich, und dort wird auch der Antrag auf Ausbildungsförderung (BAföG) gestellt.

Das Studentensekretariat der Hochschule ist zuständig für alle Fragen der Bewerbung, Zulassung, Einschreibung (Immatrikulation), Ausschreibung (Exmatrikulation), Fachwechsel, Ortswechsel, Beurlaubung und für die begehrten Studentenausweise.

Für Behinderte gibt es an jeder Hochschule Behindertenbeauftragte, die in allen Fragen des behindertengerechten Studiums helfen. Ihre Adressen stehen im Vorlesungsverzeichnis der Hochschule oder auf ihrer Homepage.

Wer zu Hause einen Computer mit Internetanschluss hat oder in der Schule kostenfrei surfen kann, sollte die Recherche auch im Internet betreiben. Wichtig sind vor allem die Datenbanken mit den angebotenen Studiengängen in Deutschland unter *www.studienwahl.de* und *www.hochschulkompass.de*. Beide Websites geben auch viele andere nützliche Tipps rund ums Studium.

abi, eine Publikation, die viele wertvolle Artikel zur Studien- und Berufswahl enthält, liegt mittlerweile nicht nur an den Schulen und Hochschulen aus, sondern ist über *www.abi-magazin.de* online einsehbar. Auch kann hier in älteren Ausgaben nach studiengangsbezogenen Informationen gesucht werden.

Hat man eine oder mehrere Hochschulen ins Auge gefasst, sollte man über die Homepage der Hochschule so viel wie möglich über den anvisierten Studiengang in Erfahrung bringen. Mittlerweile stehen die studiengangsbezogenen Informationen, Studien- und Prüfungsordnungen und ganze Vorlesungsverzeichnisse auf der Homepage, so dass man sich eine Anforderung dieser Unterlagen über die Studienberatung sparen kann. Die Homepage der jeweiligen Hochschule finden Sie ab S. 174 ff.

Viele Hochschulen präsentieren sich auch auf Bildungsmessen oder Abiturientenmessen. Wer dort beraten werden möchte bzw. schriftliche Materialien erhalten will, sollte sich über *www.einstieg.com, www.start-schuss-abi.de* und *www.azubitage.de* die Termine und Orte, an denen entsprechende Messen angeboten werden, heraussuchen.

Nachdem Sie nun erfahren haben, welche Informationsmöglichkeiten es gibt und woher man die Informationen bekommt, stellt sich natürlich die Frage, in welcher Reihenfolge und zu welchem Zeitpunkt sich Studienbewerber welche Informationen beschaffen sollten. Doch zuvor noch ein weiterer Punkt, der für die Studienwahl wichtig ist.

Fast so wichtig wie die Fächerwahl: Die Wahl des Studienorts

Es ist nicht nur wichtig, für welches Fach und für welchen Studiengang man sich entscheidet, sondern auch, für welchen Studienort. Wenn wir vom Fall des Numerus clausus absehen, haben wir auch bei der Wahl des Studienortes die Qual der Wahl.

Die Wichtigkeit dieser Entscheidung wird immer noch unterschätzt, obwohl es inzwischen hinreichend bekannt ist, dass z. B. die Studienbedingungen von Ort zu Ort sehr unterschiedlich sein können – und damit auch die Erfolgsaussichten.

Nicht jeder hat jedoch die Möglichkeit und Zeit, alle Hochschulorte, die das Wunschfach anbieten, selbst genau unter die Lupe zu nehmen. Deshalb braucht man einige Anhaltspunkte, wie man den geeigneten Hochschulort herausfinden kann.

Drei Kriterien sollte man bei der Wahl des Hochschulortes berücksichtigen: 1. fachliche, 2. hochschulbezogene und 3. ortsspezifische Kriterien.

Fachliche Kriterien sind:

- Umfang des Lehrangebotes im jeweiligen Fach
- Nebenfachmöglichkeiten
- Schwerpunkte des Faches
- Ausrichtung des Faches
- Relation zwischen Lehrenden und Lernenden in diesem Fach

- Umfang der Fachbibliothek und der anderen wissenschaftlichen Einrichtungen
- Anforderungen in Bezug auf Einzel- und Abschlussprüfungen
- Qualifikation und Ruf der Hochschullehrer

Hochschulbezogene Kriterien können sein:
- Größe und Ruf der Hochschule
- Umfang der wissenschaftlichen Einrichtungen
- Anzahl der Studierenden
- Betreuungseinrichtungen für Studierende
- Art und Umfang der studentischen Einrichtungen
- Höhe der Mensa- und Cafeteriakosten
- Zahl der studentischen Wohnheimplätze
- kulturelle Angebote der Hochschule

Mögliche ortsspezifische Kriterien bei der Entscheidung können sein:
- Größe und Lage der Stadt
- Höhe der Mieten am Hochschulort
- Lebenshaltungskosten in der Region
- Möglichkeiten zum gelegentlichen Jobben
- Mentalität der Menschen am Hochschulort
- Freizeitmöglichkeiten und Kulturangebote
- Verkehrsanbindung und Nahverkehrspreise
- Entfernung der Hochschule von der Stadt

Wo kann man all diese Informationen erhalten? Die fachlichen und hochschulbezogenen Fragen kann man mit Hilfe der Zentralen Studienberatungsstellen der Hochschulen (Anschrift s. Homepage der jeweiligen Hochschule) klären, die ortsspezifischen entweder über die Homepage oder über die Informationsämter der Städte. Dennoch sollen hier einige generelle Anmerkungen nicht fehlen.

Bei den Universitäten unterscheiden wir zwei Arten: die traditionellen alten und die neuen Universitäten. Dies ist an und für sich nichts Besonderes, ist aber für die Studienatmosphäre und für die Örtlichkeiten von Bedeutung. Die alten Universitäten befinden sich im Innenstadtbereich, die Einrichtungen (Hauptgebäude, Seminare, Institute, Bibliotheken, Mensen, studentische Einrichtungen) sind aber häufig über die ganze

Stadt verstreut, so dass lange An- und Abfahrtswege von einem Gebäude zum anderen die Regel sind.

Die neueren Universitäten, als Campus-Universitäten angelegt, befinden sich als geschlossener Komplex am Rande oder außerhalb der Stadt. Alle Einrichtungen einschließlich vieler Wohnheime befinden sich an einem Ort. Bei diesen Universitäten erspart man sich lange An- und Abfahrtswege. Auf der anderen Seite vermisst man aber zuweilen das studentische Leben in der Stadt mit seinen vielfältigen Angeboten.

Wer alles an einem Platz haben möchte und sich durch das studentische Leben nicht allzu sehr vom Studium ablenken lassen möchte und auch keine prinzipiellen Einwände gegen moderne Architektur hat, wird sich an einer Campus-Universität schnell wohl fühlen.

Wer jedoch sein Studium in alten Gemäuern aufnehmen möchte und bereit ist, längere Wege in Kauf zu nehmen, wird die bessere Studienatmosphäre eher an einer der alten Universitäten finden.

Bei den anderen Hochschulen ist dieses Problem nicht so wichtig. Sie sind zumeist ein geschlossener Komplex in oder am Rande der Stadt.

Die Wahl des Hochschulortes muss, ebenso wie die Wahl des Studienfaches, nicht endgültig sein. So wie es die Möglichkeit gibt, das Studienfach zu wechseln, gibt es die Möglichkeit des Hochschulwechsels. Etwa 20 bis 25 Prozent aller Studierenden machen hiervon mindestens einmal im Laufe des Studiums Gebrauch.

Der Wechsel von einer Hochschule zur anderen ist normalerweise sehr einfach. Man bringt in Erfahrung, an welchem Ort es einem besser gefallen könnte, und fragt dort an, ob gegen einen Wechsel irgendwelche Beschränkungen bestehen. Falls nicht, schreibt man sich aus der Liste der Studierenden an der alten Hochschule aus (= Exmatrikulation) und schreibt sich anschließend an der neuen Hochschule ein (= Immatrikulation).

Einige wichtige Informationen sollte man aber nicht vergessen einzuholen: Ist dort die gleiche Fächerkombination möglich, und werden alle an der alten Hochschule besuchten Lehrveranstaltungen und abgelegten Prüfungen an der neuen Hochschule anerkannt? Da dies nicht selbstverständlich ist, sollte man das Problem bereits *vor* dem Wechsel klären, um hinterher unangenehme Überraschungen zu vermeiden.

In einigen wenigen Fächern ist ein Wechsel überhaupt nicht möglich, weil es Zulassungsbeschränkungen in höheren Semestern gibt. In einem solchen Fall versucht man einen Tauschpartner zu finden, der exakt den umgekehrten Wechsel machen will. Da dies gar nicht so selten ist, gibt es hierfür sogar Tauschbörsen und Hinweise in großen Tageszeitungen.

Nur bedingt verwendbar: Hochschul-Rankings

Mit dem Ruf der Hochschule ist es wie mit dem privaten Ruf: Vieles ist subjektive Einschätzung oder Gerücht. Hochschulen sind nämlich nur schwer miteinander vergleichbar. Wenn überhaupt, dann nur in einzelnen Fächern oder in bestimmten Bereichen, z. B. hinsichtlich der Forschungsleistungen oder der Betreuung der Studierenden.

Es gibt mittlerweile eine Menge Befragungen über den Ruf der Hochschulen oder der einzelnen Fächer, im Fachdeutsch spricht man von *Ranking;* allerdings gibt es in Deutschland kein anerkanntes und unumstrittenes System, um die Qualität einer Hochschule klar zu ermitteln.

Rankings basieren, dies sollte man wissen, um ihren Wert einschätzen zu können, auf drei Systemen:

1. Man befragt Studierende, wie sie die Qualität ihrer Ausbildung einschätzen, ob genügend Bücher vorhanden sind usw.

2. Man befragt andere Personen, was sie von einer bestimmten Hochschule oder einem Fach dort halten. Die Befragten sind bevorzugt Professoren, Personalchefs und Manager.

3. Man bewertet Hochschulen und Fächer nach folgenden Kriterien: wie viele Studierende auf wie vielen Studienplätzen studieren, wie das Zahlenverhältnis Studierende und Dozenten ist, wie viel die Professoren wissenschaftlich veröffentlicht haben, nach wie viel Semestern das Examen im Durchschnitt geschafft wird, wie viel Prozent der Studierenden an eine andere Hochschule wechseln, wie viel Geld an der Hochschule etwa für die Forschung zur Verfügung steht und wie viele Hochschullehrer mit Preisen ausgezeichnet wurden.

So ist es kein Zufall, dass, je nachdem, welches System angewendet wurde, die Rankings recht unterschiedliche Ergebnisse zeigen. Mal befindet sich eine Hochschule an der Spitze, beim nächsten Mal sieht sie sich am unteren Ende. Das Gleiche gilt für Vergleiche der Fächer.

Rankings haben noch weitere Schwächen. Sie verfügen manchmal nur über eine schmale Basis an Befragten, die sich zudem meist nur sehr subjektiv (aus Kenntnis der Verhältnisse an einer Hochschule oder in einem Fach) äußern können. Wenn man einen Personalchef fragt, welches Fach in Volkswirtschaftslehre besonders gut ist und welche Absolventen er bevorzugt einstellt, wird er in aller Regel das Fach und die Hochschule nennen, wo er studiert hat. Und die Anzahl der Veröffentlichungen eines Hochschullehrers sagt in der Regel nicht viel aus über die Qualität des Geschriebenen und über die pädagogischen Fähigkeiten.

Nichts gegen Rankings, aber sie sind eine Orientierung und ein Kriterium unter vielen. Wählen Sie deshalb den Hochschulort nicht nur anhand von Rankings in Magazinen aus, sondern auch nach anderen Überlegungen. Sehen Sie sich die Verhältnisse vor Ort genau an und bilden Sie sich Ihre eigene Meinung.

Der optimale Fahrplan ins Studium

Anfang Stufe 12/2 (bei G 8 in Stufe 11/2)	Entscheidung über Berufsausbildung (Lehre, Sonderausbildung usw.) oder Studium Falls Berufsausbildung: Den passenden Ausbildungsberuf herausfinden und mit der Bewerbung unverzüglich beginnen
Im Laufe von Stufe 13/1 (bei G 8 in Stufe 12/1)	• Zielfächer einkreisen • *Studien- und Berufswahl* durcharbeiten • Fachstudienführer besorgen • mehrere Studienberatungen um Informationsmaterial anschreiben oder auf der Homepage von Hochschulen recherchieren
April	• Studienberatung(en) aufsuchen, Studienordnungen beschaffen, sofern die nicht auf der Homepage der Hochschule zu finden sind • Gespräch mit Studierenden suchen • vor Ort umschauen
Mai/Juni	• Entscheidung für Studienfach treffen • Anspruch auf BAföG prüfen • Wahl des Studienorts treffen
31. Mai bis 15. Juli	• Bewerbung bei der ZVS oder der Hochschule • Bewerbung für einen Studentenwohnheimplatz
August/September	• Zulassungs- oder Ablehnungsbescheid
Anschließend:	• Einschreibung • Vorlesungsverzeichnis beschaffen • Kommentiertes Vorlesungsverzeichnis beschaffen • Fachstudienberater aufsuchen • Stundenplan erstellen • Einführungsveranstaltungen besuchen • sich mit den Örtlichkeiten vertraut machen • ggf. BAföG-Antrag stellen

1. September	• Studienbeginn an den Fachhochschulen (Lehrveranstaltungen beginnen ungefähr zwei Wochen später)
1. Oktober	• Studienbeginn an den Universitäten (Lehrveranstaltungen beginnen ungefähr zwei Wochen später)

Wie komme ich an den Ausbildungs- oder Studienplatz?

Bewerbung um einen Ausbildungsplatz

Wenn Sie zu dem Ergebnis gekommen sind, dass Sie eine Lehre anstreben oder vor der Entscheidung über ein mögliches Studium erst einmal eine Berufsausbildung machen wollen, möchten wir Ihnen nachfolgend einige wichtige Informationen zur Bewerbung um einen Ausbildungsplatz geben.

Wichtig ist, sich rechtzeitig für einen Ausbildungsplatz zu bewerben. Die Verträge werden üblicherweise ein Jahr vor Ausbildungsbeginn (1. August/1. September eines Jahres), also im Sommer bis Herbst des Vorjahres, abgeschlossen. Bewerben Sie sich also für einen Ausbildungsplatz Mitte bis Ende der Jahrgangsstufe 12/2 (bei G 8 in Stufe 11/2).

Die Bewerbung besteht aus einem frei formulierten Anschreiben an den potentiellen Ausbildungsbetrieb, in dem Sie vor allem Ihre Begabung und Motivation für die gewählte Ausbildung und das Interesse an dem speziellen Ausbildungsbetrieb deutlich zum Ausdruck bringen.

Weitere Bestandteile der Bewerbungsunterlagen sind ein tabellarischer Lebenslauf, das letzte Zeugnis in Kopie (entweder Zeugnis 12/1 oder Zeugnis 12/2), ggf. auch beide, wenn in den für die Ausbildung wichtigen Schulfächern die Benotung erheblich vom nachfolgenden Zeugnis abweicht.

Hinzufügen können Sie auch Referenzen, das heißt Schreiben von Personen, die diese Bewerbung unterstützen und die dem Ausbildungsbetrieb bekannt sind. Von einem Referenzschreiben sollten Sie aber nur dann Gebrauch machen, wenn diese Person Sie gut beurteilen kann, die notwendige Distanz hat (kein Referenzschreiben von Eltern, Freunden und Verwandten beifügen). Dies könnte beispielsweise ein Lehrer, ein Mitarbeiter des Unternehmens, bei dem Sie sich bewerben, oder (bei Bewerbungen um einen Ausbildungsplatz für einen sozialen Beruf) der Pfarrer der Gemeinde sein.

Wenn Sie ehrenamtlich tätig sind, z. B. bei der freiwilligen Feuerwehr, im Umweltschutz oder in der Kirche, dann sollten Sie dies im Anschreiben entsprechend vermerken oder eine entsprechende Bescheinigung über dieses Engagement den Bewerbungsunterlagen beifügen, da es für solche Aktivitäten üblicherweise Pluspunkte gibt.

Noch ein paar Informationen zu den Formalien: Schreiben Sie die Bewerbung auf Ihrem Computer mit üblicher 11- oder 12-Punkt-Schrift mit gängigen Schrifttypen. Verwenden Sie keine ausgefallenen Schriften. Der Zeilenabstand sollte 1- oder 1,5-zeilig sein. Die Adresse sollte (außer Ihrem Namen, Vornamen, Straße, Hausnummer, PLZ, Ort) auch Telefonnummer und E-Mail-Adresse enthalten. Die Telefonnummer oder die E-Mail-Adresse anzugeben ist wichtig, denn falls Rückfragen zu Ihrer Bewerbung bestehen oder man weitere Unterlagen benötigt, kann dies schnell erfolgen, und die Unterlagen müssen nicht vom Betrieb mit einem Schreiben angefordert werden.

Ihre Unterlagen schicken Sie bitte nicht als Loseblattsammlung an den gewünschten Ausbildungsbetrieb, sondern besorgen Sie sich eine sogenannte Bewerbungsmappe, die Sie in jedem Schreibwarengeschäft bekommen.

Zur Bewerbung gehört ein Foto in Passbildgröße. Dieses sollten Sie nicht in einem Passbildautomaten machen lassen, sondern beim Fotografen. Erwartet wird ein Porträtfoto von Kopf bis etwa Brust. Ein Foto, das Sie in voller Leibesgröße zeigt, ist bei einer Bewerbung nicht üblich. Achten Sie bitte auch darauf, dass Sie auf diesem Foto ansprechend gekleidet sind.

Nachfolgend zeigen wir Ihnen einige Musterschreiben für kaufmännische Ausbildungsberufe, naturwissenschaftliche Ausbildungsberufe, handwerklich-technische Ausbildungsberufe und Ausbildungen im Bereich Medizin und Gesundheit.

Diese Muster sollen Ihnen deutlich machen, wie ein solches Anschreiben aufgebaut sein kann und welche Informationen in ein solches Anschreiben gehören.

Bewerbung für einen Ausbildungsplatz in einem kaufmännischen Beruf

Sehr geehrte Damen und Herren,

gestatten Sie, dass ich mich kurz vorstelle. Ich bin 18 Jahre alt und werde im nächsten Frühjahr mein Abitur ablegen. Ich hoffe, dass meine Abiturdurchschnittsnote im Bereich von etwa 2,0 bis 2,3 liegen wird. Meine Lieblingsfächer in der Schule sind Deutsch, Englisch und Wirtschaft sowie – mit leichtem Abstand – Mathematik und Sport.

Meine Eltern betreiben ein Einzelhandelsgeschäft für Bekleidung. So konnte ich schon früh Einblick gewinnen in die Funktionsweise eines Betriebes und die damit zusammenhängende Finanzierung und Organisation. Im Moment ist noch offen, ob ich den Betrieb meiner Eltern einmal übernehme. In jedem Fall möchte ich nach der Ausbildung etliche Jahre in diesem Beruf arbeiten.

Ich habe Spaß an Organisation, an Zahlen, am gründlichen und praktischen Arbeiten. Mir macht es Freude, im Team zu arbeiten, ich bin belastbar und in der Lage, die an mich gestellten Aufgaben schnell und umsichtig zu lösen. Ich bin offen für neue Dinge und schätze mich als kundenorientiert ein. Im Schulfach Wirtschaft hatte ich die Möglichkeit, die Grundzüge der Betriebswirtschaftslehre und der Volkswirtschaftslehre bereits kennenzulernen.

Ich bewerbe mich aus mehreren Gründen bei Ihrem Unternehmen. Zum einen ist mir Ihre Firma bekannt als führendes Unternehmen hier am Ort. Von einer Freundin weiß ich, dass Sie der Ausbildung junger Menschen eine hohe Bedeutung beimessen. Ich bewerbe mich auch deshalb bei Ihrem Unternehmen, weil es, wie ich im Internet gesehen habe, viele verschiedene Sparten hat, die Auszubildenden die Möglichkeit geben, sich breit ausbilden zu lassen und vertiefte Einblicke in die Abläufe eines Unternehmens zu bekommen.

Wenn ich mich selbst charakterisieren müsste, so halte ich mich für engagiert und interessiert an allen Sparten eines Betriebes, belastbar und in jedem Fall wissbegierig. Meine Hobbys sind klassische Musik und Fahrradfahren.

Ich würde mich sehr freuen, wenn Sie mir die Möglichkeit eines persönlichen Gesprächs geben würden.

Mit freundlichen Grüßen

Kattrin Kaufmann

Kattrin Kaufmann

Bewerbung für eine Ausbildung im Bereich der Naturwissenschaften

Sehr geehrte Damen und Herren,

gestatten Sie, dass ich mich kurz vorstelle. Ich bin 18 Jahre alt und werde nächstes Jahr mein Abitur am Friedrich-Schiller-Gymnasium hier am Ort ablegen. Als Leistungskurse habe ich Biologie und Chemie, weitere Abiturfächer sind Englisch und Mathematik. Ich erhoffe mir ein Abitur im Bereich der Note »gut«.

Ich habe mich für eine Berufsausbildung entschieden, weil ich nicht fünf oder sechs Jahre studieren, sondern in einem überschaubaren Zeitraum von zwei bis drei Jahren eine Berufsqualifikation erwerben möchte. Ich bewerbe mich bei Ihrem Unternehmen, da Sie seit vielen Jahren Biologisch-technische Assistenten ausbilden und als ein Unternehmen bekannt sind, das auf die Ausbildung junger Menschen einen besonderen Wert legt. Ich verspreche mir in Ihrem Haus eine breit angelegte Ausbildung, die mir die Möglichkeit gibt, das notwendige Rüstzeug für den späteren Beruf einer Biologisch-technischen Assistentin zu erwerben.

Die Ausbildung als Biologisch-technische Assistentin erfordert gute naturwissenschaftliche Grundkenntnisse. Mein Interesse liegt bei allen naturwissenschaftlichen Fächern: Biologie, Chemie, Mathematik, Physik. Wie Sie dem beigefügten Zeugnis der Jahrgangsstufe 12/2 entnehmen können, habe ich in diesen Fächern meine besten Noten.

Vor der Entscheidung für diese Bewerbung habe ich in dem Labor der Firma XY ein vierwöchiges Praktikum absolviert. Dies hat mir sehr viel Spaß gemacht, und ich konnte mir, wie Sie dem beiliegenden Zeugnis entnehmen können, einen ersten Eindruck von der Praxis und dem Berufsalltag einer Biologisch-technischen Assistentin verschaffen. Ich kann mir gut vorstellen, nach der Ausbildung in der Forschung zu arbeiten, da ich an Themen wie Biotechnologie und Gentechnik sehr interessiert bin.

Auch für die weiteren Anforderungen und die angestrebte Berufsausbildung hoffe ich, alle notwendigen Voraussetzungen mitzubringen. Ich schätze mich ein als ehrlich, freundlich, gründlich und umsichtig. Ich kann mir eine Zusammenarbeit mit Menschen in einem Team, die eine gemeinsame Aufgabe bewältigen, gut vorstellen.

Ich bin körperlich belastbar und verfüge über gutes Stehvermögen, was für den Beruf einer Biologisch-technischen Assistentin wichtig ist.
Ich verfüge über gute Computerkenntnisse und durch mein Abiturfach über sehr gute englische Sprachkenntnisse.

Meine beiden Hobbys sind Aquarellmalerei und Tischtennisspielen.
Im Sportverein bin ich Übungsleiterin für die Mädchenmannschaft der Neun- bis Zwölfjährigen.

Wenn Sie weitere Informationen oder Unterlagen benötigen, stehe ich Ihnen jederzeit gerne zur Verfügung.

Ich würde mich sehr freuen, wenn Sie mir die Möglichkeit eines Vorstellungsgespräches geben könnten, bei dem ich Ihnen gerne meine Motivation für den angestrebten Ausbildungsplatz weiter erläutern würde.

Mit freundlichen Grüßen

Leonie Labor

Leonie Labor

Bewerbung für eine handwerklich-technische Berufsausbildung

Sehr geehrte Damen und Herren,

gestatten Sie mir, dass ich mich kurz vorstelle. Ich bin vor einigen Tagen 18 Jahre alt geworden und werde im Frühjahr nächsten Jahres mein Abitur am Robert-Bosch-Gymnasium ablegen. Mein Vater ist Ingenieur in der Entwicklungsabteilung eines Automobilherstellers, meine Mutter ist Rechtsanwältin, ich habe eine jüngere Schwester (zehn Jahre alt).

Ich möchte Ihnen zunächst meine Motivation für die Bewerbung um einen Ausbildungsplatz in Ihrem Unternehmen etwas ausführlicher erläutern. Handwerk und Technik haben mich schon immer begeistert. Schon früh habe ich Bücher gelesen, in denen es um die Meilensteine der Technik ging – von der Erfindung des Rades über die Dampfmaschine bis hin zur Eisenbahn, dem Telefon, Auto und schließlich dem Computer. In der Schule machen mir Fächer, bei denen es um Technik geht, viel Spaß – meine Lieblingsfächer sind Physik und Mathematik. In beiden Fächern habe ich Leistungskurse belegt. Auch arbeite ich an meiner Schule in der Arbeitsgruppe Informatik mit.

Ich bin aber nicht nur sehr an Technik interessiert, sondern habe auch Spaß am praktischen Umgang. Es macht mir Spaß, etwas auseinanderzunehmen und es anschließend wieder zusammenzubauen. Neben handwerklichem Geschick und der notwendigen Fingerfertigkeit verfüge ich über die für einen handwerklich-technischen Beruf notwendige körperliche Belastbarkeit und über Ausdauer. Ich weiß, dass in der Ausbildung wochenlang Fertigkeiten wie Fräsen, Schleifen und Polieren erlernt werden müssen. Ich sehe dies nicht als langweilig an, sondern als notwendige Übung für den späteren Beruf.

Ich bewerbe mich bei Ihrem Unternehmen um einen Ausbildungsplatz, weil ich von verschiedenen Seiten gehört habe, dass Sie gründlich ausbilden und junge Menschen in ihrer beruflichen Entwicklung fördern. Die vielen Abteilungen in Ihrem Unternehmen würden mir die Möglichkeit einer breiten und zugleich intensiven Berufsausbildung bieten.

In meiner Freizeit repariere gerne alte Radios und Musikanlagen und arbeite ehrenamtlich bei der freiwilligen Feuerwehr.

Ich würde mich freuen, wenn Sie mich zu einem Vorstellungsgespräch einladen würden.

Mit freundlichen Grüßen

Karsten Konzept

Bewerbung für eine Ausbildung in einem sozialen Beruf

Sehr geehrte Damen und Herren,

hiermit möchte ich mich gerne für die Ausbildung zum Altenpfleger bei Ihnen bewerben. Ich bin 18 Jahre alt und werde nächstes Frühjahr am hiesigen Philipp-Melanchthon-Gymnasium mein Abitur ablegen.
Meine Schulnoten bewegen sich bisher im guten Notenbereich, so dass ich annehme, das Abitur mit guten Noten bestehen zu können.
Meine Stärken liegen in den Schulfächern Physik, Deutsch und Sport.

Ich möchte gerne meinen künftigen Beruf in der Betreuung alter Menschen sehen. Da für die Bewerbung an Ihrer Ausbildungsstätte ein Praktikum erforderlich ist, habe ich dies bereits in einem Altenheim absolviert. Der Umgang mit alten gebrechlichen Menschen hat mir sehr viel Freude bereitet – wie umgekehrt diese Menschen sehr dankbar waren für die vielfältigen kleinen Hilfen, die ich ihnen geben konnte.

Ich bin psychisch und körperlich belastbar, kontaktfreudig und glaube, über das notwendige Einfühlungsvermögen im Umgang mit alten Menschen zu verfügen. Ich habe mich darüber informiert, dass als Inhalte der Ausbildung neben allgemeinen berufskundlichen Grundlagenfächern wie Gemeinschaftskunde und Berufsethik Fächer im medizinisch-pflegerischen Bereich wie Gesundheitslehre, Arzneimittellehre, Alten- und Krankenlehre, die Fächer Geriatrie und Gerontopsychiatrie eine wichtige Rolle spielen. Diese Gebiete interessieren mich sehr, und ich habe mich anhand von Fachliteratur ein wenig damit vertraut gemacht.

Ich weiß, dass neben Kontaktfähigkeit und Einfühlungsvermögen in diesem Beruf auch psychische und körperliche Belastbarkeit im Umgang mit alten Menschen erwartet wird. Auch diesen Herausforderungen fühle ich mich gewachsen.

Nach einem ausführlichen Gespräch mit einem Berufsberater glaube ich, dass Ihre Ausbildungsstätte meinen Interessen optimal entspricht, da Sie besondere Schwerpunkte wie Psychologie/Alterspsychologie und Ernährung alter Menschen als Themen in der Ausbildung anbieten, woran ich sehr interessiert bin.

In meiner Freizeit lese ich gerne, und ein weiteres Interesse von mir ist Kanufahren.

Ich würde mich freuen, wenn meine Bewerbung bei Ihnen auf Interesse stößt und Sie mir die Möglichkeit eines persönlichen Gesprächs geben würden.

Mit freundlichen Grüßen

Stefan Sorgemann

Tabellarischer Lebenslauf

Nachfolgend einige Informationen, wie ein tabellarischer Lebenslauf aufgebaut sein sollte:

Auf die erste Seite »Tabellarischer Lebenslauf« wird entweder links oder rechts das Foto geklebt. Es folgen nacheinander folgende Informationen:

- Name
- Vorname
- Geburtsdatum
- Geburtsort
- Staatsbürgerschaft
- Konfession
- Eltern mit Namen und Beruf
- Geschwister
- Schulausbildung
- Grundschule mit Daten von … bis
- Weiterführende Schule/Gymnasium ebenfalls mit Daten
- Abiturprüfung mit voraussichtlichem Datum (Monat und Jahr)
- Praktika/Schulpraktika (falls absolviert)
- Hobbys
- Ort, Datum und Unterschrift

Vorstellungsgespräch

Wenn die schriftliche Bewerbung um einen Ausbildungsplatz überzeugt hat, werden die Bewerber normalerweise zu einem Vorstellungsgespräch eingeladen. Auf dieses Auswahlinterview sollte man sich sehr gründlich vorbereiten.

Bei den meisten Firmen erfolgt die Auswahl der künftigen Auszubildenden nach einem Gespräch zwischen Bewerbern und den Mitarbeitern der Personalabteilung. Das Vorstellungsgespräch ist kein »Buch mit sieben Siegeln«, man kann vorher einiges tun, um einen überzeugenden Eindruck zu hinterlassen.

Zunächst einmal sollten Sie sich Informationsmaterial über das Unternehmen beschaffen. Zapfen Sie alle Quellen an, Sie müssen über das

Unternehmen sehr genau Bescheid wissen, denn eine Frage wird mit Sicherheit lauten: »Warum wollen Sie gerade bei uns Ihre Ausbildung machen?« Schauen Sie sich also genau an, was das Unternehmen produziert, wie viele Mitarbeiter es hat, wohin es seine Produkte verkauft usw. Lesen Sie Ihre Bewerbungsunterlagen noch einmal durch, prägen Sie sich das, was Sie zu Papier gebracht haben, gut ein. Es spricht übrigens nichts dagegen, wenn Sie das Informationsmaterial zum Gespräch mitbringen. Dies unterstreicht Ihre professionelle Vorbereitung.

Von zentraler Bedeutung sind die Anreise und das pünktliche Erscheinen: Wo genau befindet sich das Unternehmen? Wie lange dauert die Fahrt? Planen Sie ein, dass an dem Tag ein Stau ist, dass bei der S-Bahn der Strom ausfällt, dass Ihr Fahrrad einen Platten hat. Mit anderen Worten: Kalkulieren Sie großzügig Verzögerungen ein, damit Sie trotz allem immer noch rechtzeitig zum Gespräch kommen. Denn wer zum Vorstellungsgespräch zu spät erscheint, für den ist die Sache meistens schon gelaufen, bevor sie überhaupt angefangen hat. Viele Personalchefs stehen auf dem Standpunkt, dass so jemand auch am Arbeitsplatz nicht sehr zuverlässig sein wird.

Thema Outfit: Damit Sie beim Vorstellungsgespräch eine gute Figur machen, sollten Sie ausgiebig über Ihr Äußeres nachdenken. Schließlich weiß man, es dauert nur wenige Sekunden, bis das Gegenüber einen ersten Eindruck von Ihnen hat. Hier spielen Ihre Körperhaltung, die Mimik und natürlich die Kleidung eine entscheidende Rolle. Messen Sie diesen Äußerlichkeiten keinen zu geringen Stellenwert bei. Mit einem entsprechenden Äußeren können Sie durchaus Pluspunkte sammeln. Zunächst – das ist eine Binsenweisheit – sollten Sie gepflegt und ordentlich aussehen. Wenn Sie sich unsicher sind, was Sie anziehen sollen – als Mann ist man mit Jackett und Krawatte, als Frau mit Kostüm oder Hosenanzug immer auf der sicheren Seite.

Selbstverständlich können Sie sich nicht auf alle Eventualitäten vorbereiten. Aber es gibt typische Fragen, die in fast jedem Vorstellungsgespräch zur Sprache kommen. Je besser Sie präpariert sind, desto souveräner können Sie in das Gespräch gehen und umso positiver ist Ihre Ausstrahlung. Am besten bereiten Sie sich vor, indem Sie das Interview einmal mit einer Freundin oder einem Freund durchspielen. Machen Sie vor dem Gespräch eine Generalprobe. Das gibt Ihnen weitere Sicherheit.

Egal, um welche Branche oder welchen Ausbildungsberuf es sich handelt, Bewerberinnen und Bewerbern werden ganz typische Vorstellungsgesprächsfragen gestellt. Bevor wir zum Ablauf eines Vorstellungsgesprächs kommen, stellen wir Ihnen die wichtigsten Regeln für das Vorstellungsgespräch vor.

Sechs goldene Regeln für das Vorstellungsgespräch

1. Warten Sie, bis man Sie zum Vorstellungsgespräch bittet. Selbst wenn Sie eine halbe oder eine Stunde warten müssen, klopfen Sie nicht an die Tür.

2. Begrüßen Sie nicht von sich aus diejenigen, denen Sie gegenübersitzen werden, mit Handschlag. Das Händeschütteln muss von der anderen Seite ausgehen.

3. Versuchen Sie alles, um Sympathie zu mobilisieren. Halten Sie freundlich Blickkontakt und vergessen Sie nicht, ab und an zu lächeln.

4. Versuchen Sie sich die Namen der Personen einzuprägen oder schreiben Sie sie auf, so dass Sie im Laufe des Gesprächs diese Personen mit ihrem Namen ansprechen können.

5. Antworten Sie bei Fragen immer der Person, die die Frage gestellt hat, und schauen Sie diese Person an. Lassen Sie aber im Laufe Ihrer Argumentation auch den Blick auf die anderen Personen schwenken.

6. Antworten Sie in kurzen und klaren Sätzen und vermeiden Sie gedrechselte Ausführungen.

Ein Vorstellungsgespräch besteht normalerweise aus vier Phasen: einer Begrüßungsphase, Fragen an Sie, möglichen Fragen an Ihr Gegenüber und einer Verabschiedungsphase.

Die Aufwärmphase wird meistens eingeleitet mit Fragen wie: »*Haben Sie gut hergefunden?*«, »*Wie war die Anfahrt?*« oder Ähnliches.

Dem folgt die Phase der klassischen Fragen im Vorstellungsgespräch:

»Erzählen Sie doch einmal etwas über sich!«
Diese Aufforderung erfolgt entweder am Ende der Aufwärmphase oder zu Beginn des eigentlichen Vorstellungsgesprächs. Viele Bewerberinnen und Bewerber sind etwas verunsichert. Wo anfangen? Gar nicht so leicht bei einer so allgemeinen Formulierung. Wichtig ist, dass Sie nicht zu sehr ausholen. Lassen Sie Privates zunächst einmal weg. Berichten Sie kurz über die bisherige schulische Ausbildung. Wiederholen Sie also das, was Sie im Lebenslauf und im Bewerbungsschreiben zu Papier gebracht haben. Allerdings sollten Sie nicht mehr als zwei bis drei Minuten über sich selbst erzählen.

»Warum haben Sie sich für diesen Ausbildungsberuf entschieden?«
Sie brauchen eigentlich nur das zu wiederholen, was Sie bereits in einem gut formulierten Anschreiben gesagt haben. Lassen Sie sich nichts Neues einfallen. Die Personen, die Ihnen die Fragen stellen, haben Ihre Bewerbung, da Sie einer von vielen Bewerbern sind, nicht mehr im Detail in Erinnerung. Wenn Sie Ihre Ausführungen noch genau in Erinnerung haben, wird das eher als Bestätigung für Ihre Glaubwürdigkeit und Motivation gesehen.

»Warum wollen Sie gerade bei uns Ihre Ausbildung machen?«
Diese Frage ist so sicher wie das Amen in der Kirche. Schließlich will ein Personalentscheider auf Nummer sicher gehen, ob Sie der oder die Richtige sind. Es geht bei dieser Frage um das Abklopfen Ihrer Motivation. Haben Sie sich wirklich bewusst für dieses Unternehmen entschieden, oder ist das Ganze eine aus der Not geborene Aktion, weil Sie keine andere Ausbildung bekommen haben? Hier macht es sich gut, wenn Sie Informationen über das Unternehmen, die Sie vorher recherchiert haben, präsentieren. Damit zeigen Sie: Ich habe mich ernsthaft mit Ihrem Unternehmen beschäftigt, und ich habe meine Bewerbung nicht aus einer Laune heraus geschrieben.

»Wie stellen Sie sich die Ausbildung bei uns vor?«
Auf diese Frage müssen Sie sich gut vorbereiten, indem Sie vor dem Vorstellungsgespräch die Ausbildungsordnung lesen oder sich bei Bekannten/Freunden erkundigen, wie die Ausbildung in etwa abläuft (Wechsel von praktischer Ausbildung im Betrieb und theoretischer Ausbildung in

der Berufsschule etc.), oder indem Sie Inhalte nennen, die während der Ausbildung vermittelt werden. Mit einer Antwort wie *»Weiß ich noch nicht so richtig«* begeistern Sie Ihr Gegenüber nicht.

Neben diesen zentralen Fragen können auch solche nach der sozialen Kompetenz, nach Ihren bisher größten Erfolgen und Misserfolgen, nach der Fähigkeit, ob Sie mit Kritik umgehen können, oder nach Ihren Hobbys gestellt werden. Bereiten Sie sich auch auf diese zwar nicht zentralen, aber für die Gesamtbeurteilung durchaus wichtigen Fragen gründlich vor. Wirken Sie nicht überheblich, indem Sie Antworten geben wie: *»Misserfolg, so etwas kenne ich nicht.«* Oder bei Kritik: *»Das macht mir nichts aus.«* Oder: *»Damit komme ich gut klar.«* So etwas wirkt nicht glaubwürdig. Nennen Sie Beispiele aus der Schule, was Erfolge und Misserfolge anbelangt und was Sie daraus lernen konnten.

Daneben können einige Fragen kommen, die eher unangenehm sind und bei denen Sie einen kühlen Kopf bewahren müssen, zum Beispiel: *»Hatten Sie Schwierigkeiten mit bestimmten Lehrern?«*, *»Warum haben Sie in dem Fach soundso nur ein Befriedigend erzielt?«*, *»Hatten Sie schon einmal Konflikte mit Mitschülern?«* An dieser Stelle sollten Sie sich nicht über unfähige Lehrer, die nichts vermitteln können, über renitente Mitschüler oder über das Schulsystem aufregen. Versuchen Sie sachlich zu erklären, dass die Drei mit etwas Glück auch eine Zwei hätte sein können, dass Sie Konflikte mit Lehrern im Gespräch ausgetragen haben und dass Sie bei Konflikten mit Mitschülern stets auf das Argument vertrauen.

Die Phase der Fragen endet üblicherweise mit der, ob Sie sich auch woanders beworben haben. Denken Sie daran, dass Ihre Antwort glaubwürdig ausfallen muss. Ihre Antwort könnte lauten: *»Es gibt zwei andere Bewerbungen, die noch offen sind, allerdings würde ich besonders gerne bei Ihnen arbeiten, weil …«* Jetzt sollten Argumente folgen, die Ihrer Ansicht nach für dieses Unternehmen sprechen.

Meist gegen Ende des Vorstellungsgesprächs wird man Sie auffordern, Ihrerseits Fragen zu stellen. Seien Sie darauf vorbereitet. Es macht keinen überzeugenden Eindruck, wenn nur ein *»Nein, keine Fragen«* aus Ihrem Munde kommt. Andererseits sollten Sie nicht danach fragen, ob das Unternehmen noch solvent ist, wie viel Urlaub einem zusteht oder ob man während der Arbeit Musik hören kann. Sie könnten Folgendes fragen, vorausgesetzt, Ihr Gegenüber hat dies nicht schon selbst beantwortet:

»Wie viele Auszubildende haben Sie derzeit?«
»Durch welche Abteilungen geht man im Laufe der Ausbildung?«
»In welcher Abteilung beginnt die Ausbildung?«
»Wie viel Prozent der Auszubildenden schaffen die Abschlussprüfung?«
»Gibt es Möglichkeiten, nach der Ausbildung vom Betrieb übernommen zu werden?«

Der Abschluss des Vorstellungsgespräches ist die Verabschiedung. Fragen Sie bitte nicht »*Was meinen Sie, habe ich Chancen?*«. Das wirkt unprofessionell. Abgesehen davon werden sicher nach Ihnen noch andere Bewerberinnen und Bewerber befragt, so dass es noch keine abschließende Entscheidung gibt. Selbstverständlich können Sie aber fragen, wann in etwa mit einer Nachricht zu rechnen ist. Bei der Verabschiedung gilt das Umgekehrte wie bei der Begrüßung. Reichen Sie Ihren Interviewpartnern die Hand und bedanken Sie sich für das Gespräch.

Bewerbung für Sonderausbildungsgänge der Wirtschaft

Die Bewerbung um einen Ausbildungsplatz bei den Sonderausbildungsgängen unterscheidet sich kaum von der Bewerbung für eine betriebliche Ausbildung. Zuvor noch einige Informationen, wie man Betriebe findet, die solche Ausbildungen anbieten:

Generell bietet fast jedes Großunternehmen eine solche Sonderausbildung für Abiturienten an. Bei mittelgroßen Betrieben ist die Tendenz ebenfalls zunehmend. Kleinere Unternehmen können sich wegen der damit verbundenen Höhe der Kosten in der Regel so etwas nicht leisten.

Es gibt drei Informationswege: Man schreibt große Betriebe an und bittet sie um Informationen über Sonderausbildungsgänge für Abiturienten oder schaut auf ihrer Homepage nach. Die zweite Möglichkeit ist die Recherche auf der CD-ROM mit Begleitheft von Helmut E. Klein, *Abiturientenausbildung der Wirtschaft*, die man in jeder Buchhandlung bestellen oder im Berufsinformationszentrum einsehen kann. Die dritte Möglichkeit ist das nächste Berufsinformationszentrum (BiZ) der Bundesagentur für Arbeit, bei dem entsprechende Vermittlungsangebote genutzt werden sollten.

Bei der Formulierung der Bewerbung kann man sich an den Beispielen aus dem Kapitel »Bewerbung um einen Ausbildungsplatz« orientieren. Auch das Auswahlgespräch verläuft sehr ähnlich. Üblicherweise reduziert sich die Bewerbung auf Anschreiben mit Unterlagen und Auswahlgespräch. Eignungstests oder Assessment-Center sind bei Sonderausbildungsgängen der Wirtschaft eher die Ausnahme.

Bewerbung für Ausbildungen an Berufs- oder Wirtschaftsakademien

Hierfür brauchen Sie keine große Recherche. Im zweiten Kapitel dieses Buches, »Ausbildungen und Studiengänge im Überblick«, finden Sie die derzeitigen Berufs- und Wirtschaftsakademien in Deutschland mit Adressen verzeichnet.

Die Bewerbung richten Sie nicht an die Berufs- oder Wirtschaftsakademie, sondern an die Betriebe, die dieser Einrichtung angeschlossen sind. In der Regel erfahren Sie auf der Berufsakademie-Homepage, welche Betriebe dazugehören und wer aktuell Ausbildungsplätze anbietet.

Bei der Durchsicht werden Sie feststellen, dass es nicht für alle Bundesländer solche Einrichtungen gibt. Diese konzentrieren sich stark auf einige Regionen. Für die Bewerbung können Sie sich an den Beispielen in diesem Kapitel orientieren. Die Chance, zu einem Vorstellungsgespräch oder Auswahlgespräch eingeladen zu werden, hängt ab von einer gut formulierten Bewerbung, von Schulnoten, die für die jeweilige Ausbildung von dem Betrieb als besonders wichtig erachtet werden, und auch von der Abiturdurchschnittsnote. Einser- oder Zweier-Kandidaten sind bei den Unternehmen natürlich gern gesehen.

Die Auswahl beschränkt sich bei den Berufs- und Wirtschaftsakademien jedoch nicht nur auf ein Vorstellungsgespräch. Sie müssen auch mit zusätzlichen Tests und mit dem bei Bewerbern wenig beliebten Assessment-Center rechnen.

Assessment-Center

Unter Assessment-Center versteht man eine angeblich besonders effiziente Form des Personalauswahlverfahrens. Etwa acht bis zwölf Bewerber müssen sich bei bestimmten Übungen, Aufgaben und Anforderungen in Konkurrenz zueinander stellen. Dabei sollen Kompetenz, Persönlichkeit und Entwicklungsfähigkeit in Erfahrung gebracht werden. Im direkten Vergleich der Bewerber erwartet man eine bessere Chance, den optimalen Kandidaten für die Ausbildung herauszufinden. Ob Assessment-Center solchen Ansprüchen gerecht werden, an dieser Frage scheiden sich seit Jahren die Geister. Die Tests im Assessment-Center können sich über mehrere Tage hinziehen. Je nach Ausrichtung des Betriebes werden bei Bewerber/innen folgende Eigenschaften geprüft: Team- und Kommunikationsfähigkeit, Kooperationsfähigkeit, Kontaktfähigkeit, Einfühlungsvermögen, Selbstkontrolle, Sensibilität, Aktivität, Belastbarkeit, Durchsetzungsvermögen, Arbeitsantrieb, Kreativität, Flexibilität, Selbstvertrauen, systematisches Denken und Handeln (Entscheidungsfähigkeit, Planungs- und Kontrollfähigkeiten, Organisationsvermögen oder Ähnliches).

Ein Assessment-Center setzt sich wie ein Puzzle aus verschiedenen Übungen zusammen:

Die Gruppendiskussion

In der Gruppe der Bewerber wird ein bestimmtes Thema diskutiert. Dieses Thema ist entweder vorgegeben oder wird von den Teilnehmern ausgewählt. Bei Abiturienten werden bevorzugt Themen aus Politik und Gesellschaft vorgegeben. Einerseits erwartet man von den Bewerbern, dass sie sich in der Gruppe der Konkurrenten zivilisiert und kooperativ zeigen, auf der anderen Seite Führungspotential und Initiative zeigen und mit guten Argumenten ihre Meinung überzeugend vortragen.

Das Rollenspiel

Die Bewerber spielen eine bestimmte Rolle und haben einige Minuten Vorbereitungszeit, um sich in eine Situation hineinzudenken, z. B. ein Gespräch zwischen Vorgesetztem und Mitarbeiter. Im Ergebnis geht es natürlich, wie nicht anders zu erwarten, um Konflikte und deren Lösung. Auch jede andere Form von Rollenspiel außerhalb täglicher Belange ist vorstellbar, so dass Sie unter Umständen Positionen vertreten müssen, die nicht die Ihren sind.

Die Fallstudie

Sie werden mit einem betrieblichen Problem konfrontiert, für das Sie vernünftige Lösungsansätze erarbeiten und überzeugend verkaufen sollen. Dabei wird besonders großen Wert auf die Präsentation der Ideen und

Kreativität vor kritischem Publikum Wert gelegt. Gefragt sind also Originalität, Ideenreichtum und Durchhaltevermögen, da die Fallstudie meistens so angelegt ist, dass Sie erst einmal auf taube Ohren stoßen und mit viel Elan Ihre Ideen an den Mann/die Frau bringen müssen.

Die Präsentation

Hier soll ein vorgegebenes Thema in wenigen Minuten Vorbereitungszeit in einen kurzen Vortrag gepackt werden. Die eigentliche Aufgabe ist auch hier die Präsentation. Wichtig ist, neben dem Thema der Präsentation, das »Wie«. Sie präsentieren eine Sache, aber vor allem präsentieren Sie sich selbst dabei. Hier sind logische Gliederung und aufeinander aufbauende Argumentation sehr wichtig. Mit Witz, Spontaneität, freiem, flüssigem Reden und anschaulicher Darstellung sollen Sie das Publikum für Ihre Idee und für sich gewinnen.

Die Postkorb-Übung

Hier geht es um den sprichwörtlichen Wettlauf mit der Zeit. Sie schlüpfen erneut in die Rolle eines anderen Menschen. Sie sind beispielsweise ein viel beschäftigter Geschäftsmann, der damit konfrontiert wird, dass sein Flug nach Fernost in drei Stunden beginnt. Dies kollidiert damit, dass er nachmittags seine Tochter vom Musikunterricht abholen und sich danach das Fußballspiel seines Sohnes ansehen soll. Abends hat er mit seiner Frau bereits einen Tisch im Restaurant reserviert. Dann drückt man Ihnen einen Zettel in die Hand, dass der wichtigste Partner der Firma beabsichtigt, die Vertragsverbindungen mit dem Unternehmen zu beenden. Ein Zettel nach dem anderen wird Ihnen gereicht mit Dingen, die alle in den nächsten zwei Stunden erledigt werden müssen. Ihre Aufgabe: anhand der Situationsbeschreibung einen realistischen Zeitplan aufzustellen, um so viel wie möglich in der verbleibenden Zeit schaffen zu können oder an andere zu delegieren. Bei der Postkorb-Übung brauchen Sie also Ruhe und einen kühlen Kopf und vor allem die Fähigkeit, Wichtiges von weniger Wichtigem unter Zeitdruck zu unterscheiden.

Intelligenz- und Konzentrationstests

Was hier so alles von den Teilnehmern geprüft werden kann, geht von rechnerischem und mathematischem Denken, technischem Verständnis und räumlichem Vorstellungsvermögen bis hin zu Wort- und Sprachverständnis und Konzentrationsvermögen. Diese Prüfung erfolgt unter enormem Zeitdruck für die Bewerber; dabei ist der Zeitrahmen manchmal absichtlich so eng gefasst, dass ein vollständiges Bearbeiten der Aufgaben zeitlich gar nicht möglich ist.

Es kommt darauf an, sich nicht verrückt machen zu lassen, die Nerven zu behalten, nicht unnötig Stress zu entwickeln und flüssig die Testfragen zu beantworten.

Persönlichkeitstests

Der Persönlichkeitstest will die sogenannte Persönlichkeit der Bewerber in Erfahrung bringen. Man will wissen, wen man sich künftig ins Haus holt und was dessen Besonderheit in der Persönlichkeitsstruktur ausmacht. Man will mit den Persönlichkeitstests Leistungsfähigkeit, Kontaktfähigkeit, emotionale Stabilität u.Ä. herausfinden. Persönlichkeitstests bestehen aus endlos langen Fragenkatalogen, die Sie mit Varianten »stimmt«, »stimmt nicht«, »stimmt teils – teils« beantworten können. Möglich ist auch, dass Sie aus mehreren gegebenen Aussagen diejenige heraussuchen sollen, die am ehesten auf Sie zutrifft. Oder es werden halbe Sätze vorgegeben, die Sie dann sprachlich weiterführen. Oder Sie sollen Ihre Meinung zu besonders umstrittenen gesellschaftlichen oder politischen Themen kundtun.

Das Tückische an Persönlichkeitstests ist, dass man Ihnen einige Fragen – jeweils etwas umformuliert – mehrmals vorsetzt, um zu prüfen, ob Ihre Antworten auf der gleichen Linie liegen oder ob sich Widersprüche auftun, wofür Minuspunkte vergeben werden.

Das Stressinterview

Der Höhepunkt des umstrittenen und für alle Bewerber wenig angehehmen Assessment-Centers ist das sogenannte Stressinterview. Man will testen, wie Sie unter Druck und Stress reagieren. Es fängt erst ganz harmlos an, doch dann geht es richtig rund.

Fragen wie *»Sind Sie überhaupt hier richtig?«*, *»Haben Sie sich mit Ihrer Bewerbung nicht vielleicht übernommen?«*, *»Glauben Sie wirklich, dass jemand mit Ihren Vorstellungen hier in das Unternehmen passt?«* sollen in Erfahrung bringen, ob Sie leicht verletzbar und beleidigt sind oder sich provozieren lassen. Man will Sie aus der Fassung bringen, entgleisen sehen, provozieren bis zum Äußersten. Auch das Stressinterview ist eine Show. Lassen Sie sich nicht aus der Fassung bringen, lächeln Sie freundlich, argumentieren Sie sachlich und lassen Sie die Spitzen Ihrer Gegenüber von sich abprallen.

Wer zu einem Assessment-Center eingeladen wird, sollte sich gründlich vorbereiten. Vor allem sollte man gute Fachbücher hinzuziehen (vgl. das Kapitel »Bücher und Websites zum Weiterlesen«). Auch ist ein Vorbereitungsseminar sinnvoll (wird etwa von Volkshochschulen, Industrie- und Handelskammern und anderen Institutionen angeboten).

Bewerbung für den öffentlichen Dienst

Wie vorher beschrieben, ist die Ausbildung zum Diplom-Verwaltungswirt das, was für die Privatwirtschaft die Berufs- und Wirtschaftsakademie ist, die Kombination von jeweils zur Hälfte Theorie und Praxis, also einer Berufsausbildung und eines Studiums. Von daher unterscheidet sich die Bewerbung für eine solche Ausbildungsstelle nicht wesentlich von der für eine betriebliche Ausbildung, einen Sonderausbildungsgang oder eine Berufsakademie.

Zum Standard einer Bewerbung gehören ein gutes Anschreiben, aussagekräftige Unterlagen und ein Vorstellungsgespräch. Ein Assessment-Center findet sich im öffentlichen Dienst allerdings selten, dafür werden aber bei der Bewerberauswahl die Schulnoten im Hinblick auf die angestrebte Ausbildung kritisch durchleuchtet, vor allem die Noten in Deutsch, Mathematik, Sozialkunde und Geschichte.

Bewerbung für Berufsfachschulen

Hier erfolgt die Auswahl der Bewerber nach der sogenannten Aktenlage. Assessment-Center gibt es hier nicht. Vorstellungsgespräche sind die Ausnahme. Normalerweise wird eine Rangliste der Bewerber nach Schulnoten und Vorkenntnissen, vor allem Praktika, gebildet. Wer nicht berücksichtigt werden konnte, kommt auf die Warteliste und steht dann im nächsten Jahr oder Halbjahr weiter oben auf der Liste. Deshalb ist es unbedingt ratsam, sich bei mehreren Berufsfachschulen zu bewerben.

Bewerbung um einen Studienplatz

Es gibt in Deutschland zwei Möglichkeiten, einen Studienplatz zu bekommen: von der Hochschule selbst oder von einer zentralen Einrichtung, der sogenannten Zentralstelle für die Vergabe von Studienplätzen in Dortmund, kurz ZVS genannt.

Sie ist eine staatliche Behörde und hat die Aufgabe, einen Teil der Studienplätze in Deutschland zu vergeben.

Man kann sich nicht aussuchen, ob man sich den Studienplatz von der ZVS besorgt oder von der Hochschule. Für jedes Studienfach ist genau festgelegt, ob der Weg über die ZVS oder über die Hochschule führt. Sie werden jetzt fragen, warum Hochschule oder ZVS? Warum nicht nur Hochschule oder nur ZVS? Dahinter steckt ein durchdachtes System, das – obwohl es auf den ersten Blick so erscheinen mag – keineswegs bürokratische Schikane ist. Der Grundgedanke ist, dass es kleine Fächer (wenige Studierende) und große Fächer (viele Studierende) gibt und dass es begehrte und weniger begehrte Studienplätze sowie beliebte und weniger beliebte Hochschulen gibt.

Einige Fächer sind bundesweit überlaufen, das heißt, es gibt erheblich mehr Bewerberinnen und Bewerber für alle Hochschulen, so dass nur ein Teil davon sofort einen Studienplatz bekommen kann. In diesem Fall sprechen wir von einem sogenannten bundesweiten Numerus clausus, das heißt, das Fach ist für alle Hochschulen der Bundesrepublik Deutschland zulassungsbeschränkt, und der Weg zum Studienfach führt über das Auswahlverfahren der ZVS.

Des Weiteren führt die ZVS im Auftrag von nordrhein-westfälischen Fachhochschulen und von Universitäten bundesweit das Auswahlverfahren für derzeit über 40 Studiengänge durch. Bei diesen Studiengängen könnte die jeweilige Hochschule das Auswahlverfahren auch eigenständig durchführen, hat das Verfahren jedoch an die ZVS »ausgelagert«, man spricht hier vom »Service-Angebot der ZVS«.

Damit ist aber noch nicht erklärt, warum wir hierfür die ZVS in Dortmund benötigen. Theoretisch könnten auch die einzelnen Hochschulen auswählen. Die ZVS-Vergabe erfolgt aus praktischen Gründen. Stellen Sie sich vor, Sie möchten Pharmazie studieren, eines der Studienfächer, das an allen deutschen Universitäten zulassungsbeschränkt ist. Um sich für einen Studienplatz zu bewerben, müssten Sie an alle Universitäten, die dieses Studienfach anbieten, Ihre Unterlagen schicken. Das heißt viele Briefe, viele Kopien und Beglaubigungen usw. Um den künftigen Studierenden diese Vielfachbewerbungen zu ersparen, genügt es, sich bei einer Stelle, nämlich der ZVS, zu bewerben. Hinzu kommt ein weiterer praktischer Grund. Zwischen dem Bewerbungsschluss und den Zulassungsbescheiden liegen nur wenige Wochen. In dieser kurzen Zeit müssten die einzelnen Hochschulen im Falle des Faches Pharmazie aus Tausenden von Bewerbungen 50 oder 100 Personen auswählen. Damit wären sie personell völlig überfordert. Aus diesem Grund nimmt ihnen die ZVS diese Aufgabe ab.

Wie vergibt die ZVS die Studienplätze im Rahmen ihres Auswahlverfahrens? Für 40 Prozent der Studienplätze dieser Fächer ist die ZVS allein zuständig, 60 Prozent der Studienplätze werden in Auswahlverfahren der Hochschulen vergeben, woran aber die ZVS vielfach – aber nicht immer – weiter beteiligt ist.

Zuerst einmal wird von den 40 Prozent der Studienplätze eine bestimmte Quote (Ausländer aus Nicht-EU-Ländern, Zweitstudienbewerber, Härtefälle) vorab ausgewählt. Die übrigen Studienplätze werden nach zwei Kriterien vergeben: nach der sogenannten Qualifikation (20 Prozent) und nach der Wartezeit (20 Prozent). Der Begriff Qualifikation bedeutet nichts anderes, als dass es sich dabei um die Durchschnittsnote des Abiturs oder des Fachabiturs handelt. Wartezeit ist die Zahl an Halbjahren (= Semestern), die seit dem Abitur/Fachabitur vergangen sind und die man noch nicht studiert hat. Was in dieser Zeit seit dem Abitur gemacht wurde, ist für die ZVS unerheblich. Ob Sie Bundeswehr oder Zivildienst abgeleistet, ob Sie eine Lehre begonnen, ob Sie gejobbt haben oder nach dem Abitur erst mal für längere Zeit verreist waren, interessiert die ZVS nicht. Man erhält die Wartezeit rückwirkend. Die ZVS rechnet aufs Abitur zurück und gibt pro Halbjahr ein Semester Wartezeit. Wenn Sie also im Frühjahr 2009 Ihr Abitur gemacht haben und im Herbst 2011 ein Studium aufnehmen möchten, ohne vorher etwas anderes studiert zu haben, ergeben sich vier Semester Wartezeit.

In der Abiturbestenquote konkurrieren bei der ZVS-Bewertung nur die Bewerber/innen aus einem Bundesland miteinander. Die ZVS teilt die zur

Vergabe anstehenden Studienplätze in 16 Landesquoten, so dass Bewerber/innen mit einem bestimmten Abiturdurchschnitt nur mit Bewerbern/-innen aus demselben Bundesland im Wettbewerb stehen. Dasselbe Bundesland bedeutet, dass dort das Abitur bestanden wurde. Wo man geboren wurde, aufgewachsen ist oder einen Teil der Schulzeit verbrachte, ist unerheblich.

Nach welchen Gesichtspunkten erfolgt die Ortsverteilung der nach den zwei Kriterien (Abiturdurchschnittsnote und Wartezeit) ausgewählten Bewerber/innen?

Bei den Bewerbern, die zu den 20 Prozent mit der besten Abiturnote gehören, versucht die ZVS, den Ortswunsch anhand der persönlichen Ortsrangliste im ZVS-Antrag zu berücksichtigen. Maximal sechs Ortswünsche können hier genannt werden. Wurde ein Ort von mehr Interessenten angegeben, als Plätze vorhanden sind, entscheidet die Durchschnittsnote, bei derselben Durchschnittsnote die Gesamtpunktzahl des Abiturs. Sind Bewerber/innen in keinem der sechs genannten Orte zum Zuge gekommen, können sie in keinem anderen Ort zugelassen werden und erhalten gar keinen Studienplatz. Über die Wartezeitquote und die Auswahlverfahren der Hochschulen ist dann auch keine Zulassung mehr möglich. Es empfiehlt sich also, auch einen oder zwei Orte aufzuführen, die weniger beliebt sind.

Diejenigen, die über die Wartezeit ausgewählt wurden, werden für die Ortsvergabe einer von fünf Gruppen zugeteilt, wobei Gruppe eins die günstigste und Gruppe fünf die ungünstigste ist.

Zu Gruppe eins gehören die Schwerbehinderten, zu Gruppe zwei verheiratete Personen oder solche, die am Hochschulort Kinder erziehen. Gruppe drei sind diejenigen, die wichtige objektive Gründe für den bestimmten Hochschulort vorgebracht haben, Gruppe vier umfasst jene, die im Einzugsbereich der Wunschhochschule wohnen und diesen Ort bevorzugt angegeben haben. Gruppe fünf sind die Übrigen.

Die Kriterien für die Gruppen eins, zwei, vier und fünf sind klar, aber was sind objektive Gründe für einen Hochschulort? Damit ist nicht gemeint, dass der Freund oder die Freundin bereits dort studiert, dass es dort nette Kneipen oder preisgünstige Zimmer gibt oder dass man eine bestimmte Stadt gerne einmal kennenlernen möchte. Auch Argumente, dort gebe es gute Studienbedingungen oder besonders bekannte Professoren, zählen nicht, weil es sich um subjektive Gründe handelt. Vorgebracht werden müssen objektive Gründe. Solche Gründe können sein: Mithilfe im elterlichen Betrieb, Leistungssport am gewünschten Hochschulort, Pflege eines kranken oder gebrechlichen Familienangehörigen, aber auch der Umstand, dass bereits Geschwister auswärts studieren und die Eltern finanziell nicht in der Lage sind, ein weiteres auswärtiges Studium zu bezahlen.

Die Zulassungsbescheide verschickt die ZVS Mitte August/Februar für die ausgewählten Bewerber/innen in der Abiturbesten- und in der Wartezeitquote. Anfang September/März folgen die Ergebnisse für die Auswahlverfahren der Hochschulen.

Im sogenannten Service-Verfahren der Hochschulen erhalten die Bewerber/innen Ende Juli den Zulassungsbescheid.

Wer leider eine Ablehnung bekommt, sollte es ein Semester später (falls das gewünschte Studienfach zweimal im Jahr vergeben wird) oder im darauffolgenden Jahr erneut versuchen oder ein anderes Studienfach aufnehmen, was aber für eine erneute ZVS-Bewerbung wartezeitschädlich ist. Es gibt aber noch einen kleinen Hoffnungsschimmer. Nicht alle, die eine Zulassung erhalten, nehmen den Studienplatz an. Da ohne Annahme (Achtung bei Urlauben in der genannten Zeit) der angebotene Studienplatz verfällt, werden diese Plätze in Nachrückverfahren weitervergeben. Wer nicht zu den glücklichen Nachrückern gehört, hat eine weitere Chance: Auch nicht alle, die den Studienplatz angenommen haben, schreiben sich tatsächlich an der Hochschule ein. Deren Plätze darf nach Ablauf der Einschreibefrist die Hochschule vergeben – normalerweise im Losverfahren. Schreiben Sie deshalb, falls Sie auch im Nachrückverfahren nicht zum Zuge kamen, ein formloses Schreiben an alle Hochschulen, die das gewünschte Studienfach anbieten, dass Sie sich hierfür offiziell bewerben. Die Chancen sind nicht hoch, weil meistens überbucht wird, das heißt, es werden ein paar mehr Leute angenommen, als Plätze vorhanden sind.

Seit dem 1. September 2009 gibt es – allerdings nicht ausschließlich für die ZVS-Studiengänge – auch eine Studienplatzbörse, in der die freien Studienplätze recherchiert werden können:

www.freie-studienplaetze.de

Wer außergewöhnliche gesundheitliche, soziale oder familiäre Gründe glaubhaft nachweisen kann (es muss eine »besondere Ausnahmesituation« vorliegen) oder früher in dem gleichen Studiengang eine Zulassung hatte, aber aus unverschuldeten Gründen das Studium nicht beginnen konnte, kann einen Sonderantrag auf sofortige Zulassung stellen (sogenannter Härtefallantrag).

Wer außergewöhnliche soziale oder familiäre Gründe vorbringen kann, hat die Möglichkeit, einen Antrag auf *Nachteilsausgleich* zu stellen, der im Erfolgsfall die Durchschnittsnote verbessert. Das Gleiche gilt für die Wartezeit. Auch hier kann ein Antrag auf Nachteilsausgleich gestellt werden.

Wie bewirbt man sich für einen Studienplatz im bundesweiten Auswahlverfahren der ZVS? Bewerbungsfristen für das Wintersemester sind entweder der 31. Mai (gilt für sogenannte Alt-Abiturienten, die vor dem 16. Januar desselben Jahres ihr Abitur abgelegt haben) oder der 15. Juli (gilt für sogenannte Neu-Abiturienten, die zwischen dem 16. Januar und dem 15. Juli desselben Jahres ihr Abiturzeugnis erhalten haben).

Die Termine für das Sommersemester sind der 30. November (gilt für Alt-Abiturienten, die vor dem 16. Juli desselben Jahres ihr Abitur erworben haben) und der 15. Januar (Erwerb des Abiturs zwischen dem 16. Juli des Vorjahres und dem 15. Januar des Bewerbungsjahres).

Die Bewerbung muss spätestens an diesen Terminen bis 24.00 Uhr online bei der ZVS erfolgt sein (Ausschlussfrist); die ausgedruckten und unterschriebenen Anträge mit den Anlagen sind auf dem Postweg an die ZVS zu senden. Termine hierfür sind für Anträge zum 31. Mai der 15. Juni und für Anträge zum 15. Juli der 31. Juli.

Beim Sommersemester gilt, dass die Unterlagen für Anträge zum 30. November bis zum 15. Dezember vorliegen müssen, für Anträge zum 15. Januar bis zum 31. Januar.

Wenn Sie also in Erfahrung gebracht haben, dass das gewünschte Studienfach im Auswahlverfahren der ZVS vergeben wird, gehen Sie auf die Homepage der ZVS (*www.zvs.de*), informieren sich dort auf der Homepage und in den zur Verfügung stehenden Downloads und laden sich vor allem das *zvs-info* herunter. Es enthält alle für das nächste Bewerbungssemester aktuellen Informationen. Auch in vielen Berufsinformationszentren, Schulen und Büchereien liegt das aktuelle Heft kostenfrei aus.

Wichtig: Zu den Auswahlverfahren der Hochschulen sollte immer auf der Homepage der ZVS recherchiert werden, denn diese Informationen sind aktueller als das *zvs-info*.

Wer über die Abiturnote oder die Wartezeit keinen Studienplatz erhalten hat, für den bleibt noch die Hoffnung, über die Auswahlverfahren der Hochschulen zugelassen zu werden. Um in diese Auswahlverfahren zu gelangen, ist aber eine vorherige Bewerbung bei der ZVS unbedingt erforderlich; Direktbewerbungen bei den Hochschulen für die Auswahlverfahren in den ZVS-Fächern sind nicht möglich.

Nach welchen Kriterien werden diese übrigen 60 Prozent der Studienplätze in den Auswahlverfahren vergeben? Diese sind von Fach zu Fach und von Hochschule zu Hochschule sehr unterschiedlich. Im *zvs-info* und auf der Homepage der ZVS kann für jede Hochschule das jeweilige Verfahren zum aktuellen Bewerbungssemester in Erfahrung gebracht werden.

Folgende Auswahlverfahren und -kriterien sind dabei möglich:

- Eine Hochschule führt – weil sie etwa derzeit keine personellen Kapazitäten hat – kein eigenes Auswahlverfahren durch, sondern beauftragt die ZVS damit, diejenigen mit der besten Abiturnote für sie auszuwählen.

- Die Hochschule führt ein Auswahlverfahren durch. Kriterien können neben der Abiturnote u.a. eine vorherige Berufsausbildung/-tätigkeit, ein Motivationsschreiben, ein Auswahlgespräch mit Hochschulprofessoren, Einzelnoten in ausgewählten Fächern des Abiturs, außerschulische Aktivitäten, wie Teilnahme an Wettbewerben, fachspezifische Studierfähigkeitstests oder die Ortspräferenz im ZVS-Antrag sein.

- Eine Hochschule beauftragt die ZVS mit einer Vorauswahl nach Abitur und/oder Ortspräferenz der Bewerber und führt mit dieser Gruppe von Abiturienten ein Auswahlverfahren durch.

Bewerbung bei der Hochschule

Für alle Nicht-ZVS-Fächer wendet man sich an die jeweilige Hochschule, die dieses Studienfach anbietet. Dabei werden Studienplätze an den Hochschulen nach verschiedenen Systemen vergeben: ohne Zulassungsbeschränkungen, nach einem Orts-NC oder durch eine besondere Eignungsprüfung.

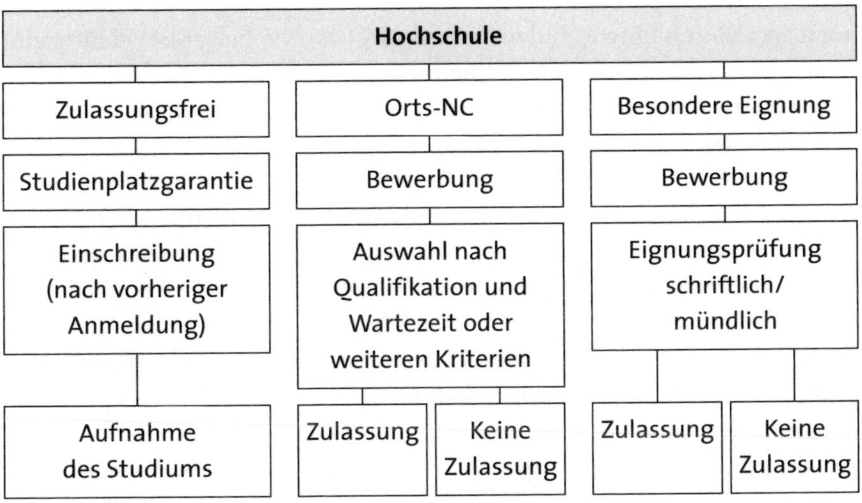

Für die Fächer ohne Zulassungsbeschränkungen gilt, dass alle Studienbewerberinnen und Studienbewerber unabhängig von der Abiturnote oder einer Wartezeit den Studienplatz am gewünschten Ort erhalten, da genügend Studienplätze vorhanden sind. Man braucht sich unter Vorlage bestimmter Unterlagen nur noch einzuschreiben.

Die Hochschulen verlangen auch für freie Fächer eine vorherige Anmeldung (online und/oder auf dem Postweg), die an Termine gebunden ist. Wenn Sie also hören, dass Ihr Fach zulassungsfrei ist, heißt das nicht, dass Sie erst am ersten Tag des Semesters dort erscheinen sollten.

Bei den Studiengängen mit Orts-NC gibt es erfahrungsgemäß mehr Bewerber als Studienplätze. Deshalb muss die Hochschule auswählen. Die beiden Kriterien für die Zusage oder Absage waren in der Vergangenheit vor allem die Abiturnote und die Wartezeit; seit 2005 sind weitere mögliche Auswahlkriterien hinzugekommen, wie eine einschlägige Berufsausbildung/-tätigkeit, Teilnahme an Landes- und Bundeswettbewerben, Auswahlgespräch, Belegung studiengangsrelevanter Fächer in der Oberstufe, Einzelnoten studiengangsrelevanter Fächer in der Oberstufe und fachspezifische Studierfähigkeitstests.

Wenn Sie hören, dass Ihr Wunschfach an Ihrer Wunschhochschule einen Orts-NC hat, dann heißt das nicht, dass dieses Fach automatisch auch an anderen Hochschulen mit einem Orts-NC belegt ist. Häufig gibt es anderswo entweder mehr Studienplätze oder weniger Bewerber/innen. Dann ist das Fach dort zulassungsfrei, und Sie können sich (unter Beachtung der Termine) direkt einschreiben.

Eine Studienplatzvergabe nach besonderer Eignungsprüfung betrifft erst einmal die Studienfächer an den Musik-, Kunst- und Sporthochschulen sowie die Studiengänge Journalistik/Publizistik und Übersetzen/Dolmetschen.

Bei der Bewerbung für das Sportstudium muss man in Form einer Aufnahmeprüfung seine sportlichen Fähigkeiten in mehreren Sportarten (Mannschafts- und Individualsport) unter Beweis stellen.

Für das Studium der Musik ist eine Prüfung vorgeschrieben, die eine entsprechende musikalische Grundbegabung und – je nach Studienfach – eine entsprechende Stimme, gutes Gehör, theoretische Kenntnisse und/oder die Beherrschung eines Musikinstrumentes nachweist.

Bei den Studienplätzen in freier oder angewandter Kunst haben die meisten Hochschulen ein zweistufiges Auswahlverfahren. Sie erwarten zunächst eine Mappe mit künstlerischen Objekten, die von den Professorinnen und Professoren begutachtet werden. Schafft man diese Hürde, wird man zur eigentlichen Aufnahmeprüfung an die Hochschule eingeladen. Bei dieser Prüfung werden allgemeine künstlerische Begabungen sowie besondere Fähigkeiten und Kenntnisse im Hinblick auf das spätere Studienfach überprüft. Wer auch diese Hürde genommen hat, erhält entweder direkt die Zulassung oder kommt auf eine Warteliste und kann dann in einigen Semestern beginnen.

Die Auswahl für Studiengänge wie Publizistik oder Journalistik ist wieder anders. Man muss nachweisen, dass die entsprechenden sprachlichen und persönlichen Voraussetzungen vorhanden sind.

Die Zukunft gehört den neuen Auswahlverfahren

An immer mehr Hochschulen und in immer mehr Studiengängen werden Auswahlverfahren eingeführt – Tendenz stark steigend. Dort, wo derzeit bei der Bewerbung an der Hochschule das Fach noch zulassungsfrei ist oder die Auswahl nach Abiturnote oder Wartezeit erfolgt, wird in absehbarer Zeit vor dem Studium eine Aufnahmeprüfung stehen. Dies ist eine internationale Entwicklung. Das Abitur berechtigt nicht mehr direkt zum Studium, sondern erst einmal nur zur Anmeldung für eine Aufnahmeprüfung.

Im Moment zeichnet sich noch keine einheitliche Linie ab. Bei einigen Studiengängen reicht es, wenn man bei der Bewerbung seine Motivation für das Studienfach und die Hochschule überzeugend vortragen und evtl. diese Motivation durch Praktika belegen kann. Bei anderen Fächern werden schriftliche Auswahltests an der Hochschule durchgeführt. In diesen Tests werden Allgemeinbildung, logisch-abstraktes Denken oder Grundkenntnisse des Fachs abgefragt.

Ein weiteres Auswahlinstrument ist das Auswahlgespräch, bei dem die Studienbewerber die Möglichkeit haben, über ihre Begabung und ihre Motivation für das Studium und die Gründe, warum sie dieses Fach ausgerechnet an der Hochschule studieren wollen, Auskunft zu geben. Solche Gespräche finden in der Regel einige Monate vor dem geplanten Studienbeginn statt.

Auf diese Auswahlverfahren sollte man sich sehr gründlich vorbereiten. Sie entscheiden in Zukunft wesentlich über Studium und Karriere. Die Autoren dieses Buches haben bereits einen Ratgeber mit vielen Musterbewerbungen und Tipps für die neuen Auswahlverfahren verfasst:
Dieter Herrmann/Angela Verse-Herrmann, *Erfolgreich bewerben an Hochschulen. So bekommen Sie Ihren Wunschstudienplatz*, 2008.

Die aktuelle Zulassungssituation bei den ZVS-Fächern

Da die Zulassung zum Studium nach verschiedenen Kriterien erfolgt, können sich von Semester zu Semester und von Fach zu Fach die Zulassungsbedingungen ändern. Was heute im ZVS-Auswahlverfahren ist, kann in einem Jahr Orts-NC an den Hochschulen sein und umgekehrt. Ein Fach, das heute noch zulassungsfrei ist, kann in ein oder zwei Jahren, wenn die Zahl der Bewerbungen stark ansteigt, ins ZVS-Auswahlverfahren kommen.

Das ZVS-Auswahlverfahren umfasst derzeit (Stand Wintersemester 2009/2010) für die wissenschaftlichen Hochschulen bundesweit folgende Fächer:

- Medizin
- Pharmazie
- Psychologie (nur Diplomstudiengänge)
- Tiermedizin
- Zahnmedizin

Die über 40 Studiengänge an Universitäten bundesweit und an nordrhein-westfälischen Fachhochschulen, die im Service-Angebot der ZVS vergeben werden, können auf der ZVS-Homepage unter *www.zvs.de* aktuell eingesehen und für jedes Semester recherchiert werden. Die Auswahlkriterien hier sind bislang ausschließlich die Abiturnote und die Wartezeit (weitere Kriterien sind möglich, werden aber nicht angewandt).

Ausbildung/Studium und Finanzen

Großes Gefälle: Die Ausbildungsvergütungen für Lehrlinge

Im Gegensatz zu Studierenden, die im günstigsten Fall BAföG beanspruchen können und ansonsten zusehen müssen, wie sie ihren Lebensunterhalt und auch die Studiengebühren finanzieren, erhalten Auszubildende unabhängig davon, ob in einer normalen betrieblichen Ausbildung, in Sonderausbildungsgängen der Wirtschaft, in Ausbildungen im Rahmen von Berufs- und Wirtschaftsakademien und den Ausbildungen im öffentlichen Dienst, eine Ausbildungsvergütung.

Für jeden Ausbildungsberuf ist in der jeweiligen Ordnung die Ausbildungsvergütung festgelegt. Es gibt keinen Standardbetrag – für jeden Lehrberuf ist die Vergütung einzeln geregelt, und es gibt von Beruf zu Beruf große Unterschiede. Beispielsweise erhalten Fotografen im ersten Jahr ihrer Ausbildung 260 Euro, Hotelkaufleute 372 bis 508 Euro und Chemielaboranten 698 bis 718 Euro. In den Ausbildungsordnungen wird ebenfalls ein bestimmter Betrag für das jeweilige Lehrjahr festgesetzt, der sich von Ausbildungsjahr zu Ausbildungsjahr in der Regel steigert (Fotografen: im 2. Lehrjahr 285 Euro, im 3. Lehrjahr 315 Euro, Hotelkaufleute: im 2. Lehrjahr 464 bis 579 Euro, im 3. Lehrjahr 541 bis 649 Euro, Chemielaboranten: im 3. Lehrjahr 794 Euro bis 827 Euro).

Unterschiede bei der Vergütung gibt es für viele Ausbildungsberufe je nach Ausbildungsort: Für Lehrlinge in den alten und neuen Bundesländern gelten häufig unterschiedliche Tarifverträge, die verschieden hohe Ausbildungsvergütungen vorsehen.

Die Ausbildungsvergütung beinhaltet weitere Vorteile, die Studierende nicht haben. Auszubildende sind im Rahmen der Ausbildung krankenversichert, zahlen Beiträge in die Sozialkassen und haben sogar Anspruch auf Arbeitslosenunterstützung, wenn es nach der Ausbildung nicht direkt mit einer festen Stelle weitergeht.

Eine Besonderheit sind die Berufsfachschulen. Hier werden von den privaten Schulen Gebühren verlangt, die einige hundert Euro im Monat betragen können. Außerdem erhalten die Teilnehmer solcher Ausbildungen keine Vergütungen, sondern können, wenn die Voraussetzungen vorliegen, BAföG beantragen.

Nicht zu unterschätzen: Die Kosten des Studiums

Wenn wir von den Kosten des Studiums sprechen, meinen wir zum einen die Studiengebühren, die in einigen Bundesländern an staatlichen Hochschulen und bundesweit an privaten Hochschulen erhoben werden, und zum anderen das, was wir für den monatlichen Lebensunterhalt benötigen. Wie viel Geld im Monat für Unterkunft, Verpflegung, Kleidung und Transport benötigt wird, ist individuell verschieden und hängt in erster Linie von der Unterbringung (zu Hause oder auswärts) und den persönlichen Ansprüchen ab.

Betrachten wir einmal die monatlichen Ausgaben des durchschnittlichen Studierenden, der ein Zimmer außerhalb des Elternhauses bewohnt, über kein eigenes Auto verfügt, entweder in der Mensa oder zu Hause isst, keine kostspieligen Hobbys pflegt, sich nur die notwendigsten Dinge fürs Studium anschafft und auch seine Kino-, Theater-, Kneipenbesuche auf das übliche Maß beschränkt.

Bei einem solchen Musterstudenten fallen (nach der aktuellen Erhebung des Deutschen Studentenwerks) pro Monat folgende durchschnittlichen Kosten an:

	Ausgaben
Miete	266 €
Ernährung	147 €
Kleidung/Schuhe	50 €
Lernmittel/Arbeitsmaterialien	35 €
Fahrtkosten	82 €
Krankenversicherung und sonstige Gesundheitsausgaben	54 €
Telefon, Internet	43 €
Freizeit, Sport, Kultur	62 €
Insgesamt	**739 €**

Diese Ausgaben ergeben insgesamt einen Betrag von rund **740 Euro.** Wer im Heimatort studiert und zu Hause wohnt, hat geringere Kosten, da die Kosten für Miete und Heimfahrten wegfallen und die Kosten für die Verpflegung geringer sind oder entfallen. Aber auch hier kommt man schnell auf einen Betrag von rund 300–400 Euro, den man braucht, wenn man nicht jeden Cent zweimal rumdrehen will.

Die Kosten für den Lebensunterhalt hängen nicht nur von den persönlichen Ansprüchen ab, sondern auch von dem Ort, an dem man studiert. In Großstädten sind die Kosten höher als in kleineren Städten. Auch in Orten, in denen der Anteil der Studierenden an der Gesamtbevölkerung sehr hoch ist, liegen die Kosten, vor allem für Miete, höher.

Die Summe, die den meisten Studierenden zur Verfügung steht, liegt unter dem genannten Betrag von rund 740 Euro im Monat. Abgesehen von einer kleinen finanziell sehr gut gestellten Gruppe, die über scheinbar unbegrenztes Geld verfügt, sieht die wirtschaftliche Lage vieler Studenten düster aus: So stehen 47 Prozent aller Studierenden weniger als 700 Euro bei auswärtiger Unterbringung zur Verfügung.

Nachdem nun klar ist, was ein Studierender für das Dach über dem Kopf, für Essen und Trinken und für diverse andere Bedürfnisse braucht, stellt sich die Frage, wie man die anfallenden monatlichen Kosten decken kann, sofern man nicht mit Unterstützung der Eltern rechnen kann und alle Ausgaben alleine bestreiten muss. Ein Trost für all diejenigen – und das sind die meisten –, deren Eltern über nicht so viel Geld verfügen: Diese bequeme und problemloseste Art der Studienfinanzierung bleibt nur einer kleinen Zahl von Studierenden vorbehalten. Nur 52 Prozent des monatlichen Geldes, das Studierenden zur Verfügung steht, kommt von den Eltern, 14 Prozent wird durch BAföG, ca. 10 Prozent aus Stipendien oder ähnlichen Einnahmen und 24 Prozent aus regelmäßigem Arbeiten, sprich Jobben, erzielt.

An diesen Zahlen sieht man, dass viele Studierende eine sogenannte Mischfinanzierung haben. Sie bekommen etwas Geld von den Eltern, haben Anspruch auf 150 oder 250 Euro BAföG oder haben ein Stipendium ergattert und verdienen sich das, was noch fehlt, durch gelegentliches Jobben hinzu.

Geld vom Staat: BAföG

BAföG ist die Abkürzung für Bundesausbildungsförderungsgesetz, aufgrund dessen unter bestimmten Umständen Studierenden eine finanzielle Unterstützung gewährt wird, deren Eltern oder Ehepartner bestimmte Einkommensgrenzen nicht überschreiten. Eingeführt wurde es Anfang der 70er-Jahre, um begabten Schülern, deren Eltern kein Studium finanzieren konnten, das Studium zu ermöglichen. Derzeit erhalten etwa 510.000 der zwei Millionen Studierenden BAföG, wobei der durchschnittliche BAföG-Förderungsbetrag 398 Euro/Monat beträgt.

BAföG ist kein Geschenk des Staates. Nicht jeder, der sein Studium über BAföG finanzieren möchte, erhält eine entsprechende Ausbildungsbeihilfe. Anspruch auf BAföG haben nur diejenigen, denen, wie es im Amtsdeutsch heißt, für den Lebensunterhalt und für die Ausbildung die erforderlichen Mittel anderweitig nicht zur Verfügung stehen und deren gewählte Studienfächer den Neigungen und Fähigkeiten entsprechen. Im Klartext heißt das: BAföG bekommt, wer von Hause aus nicht begütert und fleißig im Studium ist.

BAföG ist eine Beihilfe oder ein Darlehen des Staates, das ganz oder teilweise zurückgezahlt werden muss. Derzeit ist BAföG eine Mischung von beidem. Bis zu 50 Prozent müssen nach Ende des Studiums wieder zurückgezahlt werden. Bei einem durch BAföG finanzierten Auslandsaufenthalt wird der Auslandszuschlag als nicht zurückzahlbarer Zuschuss gezahlt. Die Darlehen werden nicht verzinst. Außerdem besteht die Möglichkeit, 25 Prozent des Darlehens durch schnellen Studienabschluss (2.600 Euro Erlass, wenn das Studium mindestens vier Monate vor Ende der Förderhöchstdauer abgeschlossen wird, 1.025 Euro Erlass, wenn es entsprechend zwei Monate vor Ende der Förderhöchstdauer abgeschlossen wird). Auch durch gute Studienleistungen kann sich der Anteil der zu leistenden Rückzahlungen je nach Studiendauer von 15 bis zu 20 Prozent verringern, sofern die Abschlussprüfung zu den besten 30 Prozent aller Prüfungen zählt, die im jeweiligen Fach innerhalb des Kalenderjahres abgelegt wurden. Es können beide Arten des Darlehensteilerlasses in Anspruch genommen werden, so dass man im günstigsten Fall die Hälfte des Darlehens nicht zurückzahlen muss. Wer diese Möglichkeiten nicht hat, kann Geld einsparen, indem er oder sie das Darlehen vorzeitig zurückzahlt und einen entsprechenden Nachlass erhält. Je nach Höhe des Ablösungsbetrages liegt dieser Nachlass zwischen 8 und 50 Prozent. Die Gesamtdarlehensbelastung durch BAföG ist auf 10.000 Euro begrenzt.

Wer hat Anspruch auf BAföG?

Antragsberechtigt sind grundsätzlich alle deutschen Studierenden, die an einer deutschen Hochschule ordnungsgemäß immatrikuliert sind, und – das ist neu – ausländische Studierende mit einer längerfristigen Bleibeperspektive. Bei Ausbildungsbeginn dürfen BAföG-Bewerber das 30. Lebensjahr noch nicht vollendet haben. Es gibt aber hiervon mehrere Ausnahmen (Bewerber, die über den zweiten Bildungsweg kommen; Bewerber, die durch langjährige Berufstätigkeit einen Studienplatz bekommen haben; Bewerber, die durch Krankheit oder Kindererziehung ein Studium nicht früher aufnehmen konnten). Ob aber jemand Anspruch auf Leistungen hat, hängt davon ab, wie gut oder schlecht die Einkommenssituation der Eltern ist, wie groß die Familie ist und ob die Antragsteller bei den Eltern wohnen oder außerhalb des Wohnortes untergebracht sind. Außerdem spielt der Familienstand des Antragstellers eine Rolle und gegebenenfalls das Einkommen des Ehepartners.

Das System der Einkommens- und Vermögensermittlung mit seinen Freibeträgen, Zuschlägen und Anrechnungsbeträgen ist sehr kompliziert und ändert sich von Jahr zu Jahr. Verfügen die Eltern nur über ein durchschnittliches Einkommen oder sind mehrere Kinder im studierfähigen Alter, ist die Chance, BAföG zu bekommen, erheblich höher als bei einem hohen oder bei zwei Einkommen.

Leistungen können auch unabhängig vom Einkommen erfolgen, wenn eine der folgenden Bedingungen erfüllt ist: Beginn des Studiums nach Vollendung des 30. Lebensjahres, fünfjährige Erwerbstätigkeit nach dem 18. Lebensjahr, insgesamt sechs Jahre Ausbildungs- und Berufstätigkeit (drei Jahre Berufsausbildung, drei Jahre Erwerbstätigkeit), der Aufenthaltsort der Eltern ist nicht bekannt, oder sie sind nicht zum Unterhalt verpflichtet.

Wie hoch sind die BAföG-Leistungen?

Der derzeitige Förderungshöchstbetrag beträgt für Studierende, die nicht bei den Eltern leben, 648 Euro. Das ist der sogenannte BAföG-Höchstsatz. Es gibt aber auch viele Studierende, die nur 100 oder 200 Euro pro Monat erhalten.

Auch ein Auslandsaufenthalt während des Studiums kann durch BAföG unterstützt werden, wenn der Aufenthalt für das Studium förderlich ist und wenn Studienleistungen, die dort erbracht werden, auf das hiesige Studium angerechnet werden können. In diesem Fall kommen folgende Leistungen hinzu: Auslandszuschlag je nach Land (zwischen 50 und 450 Euro), evtl. anfallende Studiengebühren bis zu 4.500 Euro pro Studienjahr, Zuschuss zu den Reisekosten, Krankenversicherung, zusätzliche Aufwendungen. Die Auslandsförderung ist ein Zuschuss und braucht später nicht zurückgezahlt zu werden.

Neu ist seit 2008, dass diejenigen, die ein Vollstudium in einem EU-Land oder der Schweiz beabsichtigen, ab dem ersten Semester BAföG beziehen können.

Ein Studium außerhalb der EU kann zunächst bis zu einem Jahr und max. bis zu fünf Semestern gefördert werden.

Wie lange wird BAföG gezahlt?

BAföG wird nur für einen bestimmten Zeitraum gezahlt. Für die meisten Studiengänge an den Fachhochschulen beträgt die Förderhöchstdauer sieben bis acht Semester, an den wissenschaftlichen Hochschulen neun bis zehn Semester. Masterstudiengänge werden nur gefördert, wenn sie mit einem Bachelorstudiengang verbunden wurden.

Wer sein Studienfach wechselt, erhält nur dann eine Weiterförderung, wenn der Wechsel aus einem wichtigen Grund vorgenommen wurde und frühzeitig, nach Möglichkeit im ersten oder zweiten Semester, erfolgte.

Wann stellt man den BAföG-Antrag?

Diese Frage ist leicht zu beantworten: so früh wie möglich, da die Bearbeitung der Anträge gerade zu Beginn des Semesters längere Zeit in Anspruch nimmt. Auf alle Fälle sollte der Antrag vor Studienbeginn und spätestens in dem Monat gestellt werden, bevor die Ausbildung beginnt. Studienbeginn ist in der Regel im Oktober an den Universitäten und im September an den Fachhochschulen (Beginn des Wintersemesters) sowie im April (Universitäten) und im März (Fachhochschulen) für das Sommersemester. Wer seinen Antrag verspätet stellt, erhält kein Geld rückwirkend.

Wie ist das mit der Rückzahlung des Darlehens?

Das Darlehen, das bis zum Studienabschluss angefallen ist, muss – sofern man nicht die genannten Vergünstigungen in Anspruch nehmen kann – voll zurückgezahlt werden, und zwar unverzinst.

Fünf Jahre nach Ende der Förderhöchstdauer (nicht nach Ende des Studiums) ist die erste Rate fällig. Die letzte Rate muss spätestens nach 20 Jahren gezahlt sein. Die monatliche Mindestrate beträgt derzeit 105 Euro, die an das Bundesverwaltungsamt (siehe unter *www.bundesverwaltungsamt.de*) überwiesen werden muss. Bei Wohnungswechsel muss die Adresse direkt mitgeteilt werden, weil ansonsten auf Kosten der Darlehensschuldner die neue Anschrift ermittelt wird (Bundesverwaltungsamt, 50728 Köln oder *bafoeg@bva.bund.de*).

Weil nicht alle fünf Jahre nach dem Studium einen gut bezahlten Arbeitsplatz gefunden haben, besteht für Schlechterverdienende die Möglichkeit, sich von der Rückzahlungsverpflichtung freistellen zu lassen.

Wo erhält man weitergehende Informationen?
An allen Hochschulen gibt es BAföG-Ämter, in der Regel als Abteilung des Studentenwerkes. Sie geben auch gerne vor Studienbeginn Auskunft darüber, ob ein Antrag auf BAföG-Förderung Aussicht auf Erfolg hat. Bevor man sich mit dem jeweiligen BAföG-Amt in Verbindung setzt, sollte man die Informationen auf der Homepage des Ministeriums für Bildung und Forschung unter *www.bafoeg.bmbf.de* gründlich durchlesen und sich auch folgende Broschüre mit den neuesten Bestimmungen ansehen: *Das neue BAföG. Informationen zur Ausbildungsförderung*, hrsg. vom Bundesministerium für Bildung und Forschung. Sie kann als pdf-Datei auf der Homepage des Ministeriums heruntergeladen werden.

Für Begabte: Stipendien und Zuschüsse

Es gibt in Deutschland Einrichtungen, sogenannte Begabtenförderungswerke, die Stipendien an geeignete Studierende vergeben. Für ihre Arbeit erhalten die Begabtenförderungswerke jährliche staatliche Zuschüsse. Derzeit sind es rund 132 Mio. Euro, womit ca. 20.800 Personen in den Genuss eines Stipendiums kommen, was aber nur 1,1 Prozent aller Studierenden entspricht.

Die wichtigsten Begabtenförderungswerke, was die Anzahl der Stipendien anbelangt, sind die sechs politischen Stiftungen, die je einer Partei weltanschaulich nahestehen. Wir betonen »nahestehen«, weil sie nicht, wie viele glauben, zur jeweiligen Partei gehören, sondern mehr oder weniger unabhängig sind. Im Einzelnen handelt es sich um die *Konrad-Adenauer-Stiftung* (CDU-nah), die *Friedrich-Ebert-Stiftung* (SPD-nah), die *Friedrich-Naumann-Stiftung für die Freiheit* (FDP-nah), die *Hanns-Seidel-Stiftung* (CSU-nah), die *Heinrich-Böll-Stiftung* (Grüne) und die *Rosa-Luxemburg-Stiftung* (Linkspartei). Daneben gibt es noch die *Studienstiftung des deutschen Volkes* und den Konfessionen nahestehende Förderungswerke: das *Cusanuswerk – Bischöfliche Studienförderung* (katholische Kirche) und das *Evangelische Studentenwerk Villigst* (evangelische Kirche). Hinzu kommen noch das Förderwerk des Deutschen Gewerkschaftsbundes, die *Hans-Böckler-Stiftung*, und das der Arbeitgeber, die *Stiftung der Deutschen Wirtschaft – Studienförderwerk Klaus Murmann*.

Im Folgenden soll kurz erläutert werden, nach welchen Prinzipien die Begabtenförderungswerke ihre Stipendien vergeben. Diese sind, unabhängig von den politischen oder weltanschaulichen Vorstellungen der jeweiligen Stiftung, sehr ähnlich. Die Förderwerke erhalten ihre Mittel überwiegend aus staatlichen Zuschüssen, entscheiden aber selbst über die Verwendung der Mittel. Da es sich schließlich um Steuergelder handelt, sind sie angehalten, diese so effektiv wie möglich einzusetzen. Um von einer der Stiftungen gefördert zu werden, muss man nicht Mitglied der Partei sein, die hinter ihr steht. Die Zugehörigkeit zu irgendeiner politischen Partei ist auf der anderen Seite aber auch kein Ausschlussgrund für eine Förderung. Bei den Kirchen nahestehenden Stiftungen sollte man nicht nur der jeweiligen Religionsgemeinschaft angehören, sondern seinen Glauben auch praktizieren.

Alle Begabtenförderungswerke legen übereinstimmend Wert darauf, dass Personen gefördert werden, die nicht nur finanziell gefördert werden wollen, sondern auch an der Arbeit der Stiftung interessiert sind. So erwarten die Stiftungen, dass man entsprechende einführende und weiterführende Seminare besucht, Verbindungen zwischen den Stipendiaten unterhält, sich an der Bildungsarbeit aktiv beteiligt, sich später bei der Auswahl neuer Stipendiaten engagiert und sich generell auf Dauer der Stiftung verpflichtet fühlt.

Eine weitere Gemeinsamkeit: Die bis zur Bewerbung erbrachten Studienleistungen sind bei der Bewerberauswahl sehr wichtig, sie sind aber nicht der entscheidende Aspekt. Anders ausgedrückt, suchen die Stiftungen keine Fachidioten, sondern Menschen, die auch das Allgemeinwohl im Auge haben und einen Dienst an der Gesellschaft leisten. Wessen Biografie deutlich macht, dass es ihm oder ihr bislang in allererster Linie um das eigene Wohl und um die eigene Karriere ging, hat wenig Chancen auf ein Stipendium.

Was Stipendiaten vorweisen sollten, kann vielfältig sein: Mitarbeit in der Jugendarbeit, im sozialen Bereich, in karitativen Organisationen, im Umweltschutz, in der kommunalen Politik, in der Hochschulpolitik, in Selbsthilfegruppen, in kirchlichen Organisationen, im Sport und bei vielem mehr. Natürlich wird nicht erwartet, dass man überall sein soziales, politisches oder kirchliches Engagement unter Beweis gestellt hat, aber es sollte schon deutlich werden, dass ein solches Interesse nicht nur theoretisch, sondern auch praktisch vorhanden ist.

Die Höhe der Stipendien ist überall ähnlich und entspricht etwa der BAföG-Förderung. Sie ist abhängig vom Einkommen und Vermögen der Eltern und des Studierenden. Zu einem Grundbetrag von maximal 585 Euro pro Monat kommt bei den meisten Stiftungen noch ein sogenanntes Büchergeld (80 Euro pro Monat) und für Verheiratete ein entsprechender Zuschlag hinzu (ca. 155 Euro), falls der Ehepartner bestimmte Einkommensgrenzen nicht überschreitet. Auch Auslandsaufenthalte zu Studienzwecken können finanziert und bei eigener Kranken- und Pflegeversicherung Zuschüsse gewährt werden.

Wer kann sich wie für ein Stipendium bewerben?

Grundsätzlich jede/r Studierende einer deutschen Hochschule, unabhängig vom gewählten Studienfach. Üblich ist die Eigenbewerbung. Aber auch der Direktor des Gymnasiums, Hochschullehrer und ehemalige Stipendiaten können geeignete Kandidaten benennen. Bei der Studienstiftung des deutschen Volkes ist derzeit noch keine Eigenbewerbung möglich. Vorschlagsberechtigt sind der Direktor der Schule nach dem Abitur und Hochschullehrer während des Studiums. Ab Februar 2010 können Studierende des ersten und zweiten Semesters sich erstmals mit einer Eigenbewerbung an die Studienstiftung wenden.

Bei der Hans-Böckler-Stiftung ist ebenfalls eine Eigenbewerbung nicht möglich. Antragsberechtigt sind die im Deutschen Gewerkschaftsbund zusammengeschlossenen Einzelgewerkschaften, das heißt, man wendet sich erst einmal an eine dieser Gewerkschaften. Bei der Stiftung der Deutschen Wirtschaft erfolgt die Bewerbung über einen Vertrauensdozenten der Stiftung.

Die Bewerbung erfolgt entweder zu bestimmten Terminen (s. Homepage der jeweiligen Einrichtung) oder kann jederzeit gestellt werden. Folgende Unterlagen werden üblicherweise erwartet: ausgefüllte Formblätter (auf der Homepage herunterladen), Lebenslauf, Kopie des Abiturzeugnisses, Immatrikulationsbescheinigung, Studienleistungen, zwei Gutachten von Hochschullehrern, Darstellung der wirtschaftlichen Situation.

Die eingereichten Unterlagen werden von der jeweiligen Stiftung im Hinblick auf die besonderen Förderrichtlinien durchgesehen. Es erfolgt die Entscheidung, wer für nicht förderungswürdig erachtet wird (diese erhalten einige Wochen oder Monate später ihre Unterlagen mit einem netten Schreiben der Stiftung zurück) und wer in die engere Auswahl kommt. Dieser Kreis erhält eine Einladung zu einem Vorstellungsgespräch, zumeist in Form eines mehrtägigen Auswahlseminars in einer Bildungsstätte der Stiftung. Wer die erste Hürde übersprungen hat, muss sich jetzt einem harten Auswahlverfahren unterwerfen. Auch wenn es hierbei von Stiftung zu Stiftung Unterschiede gibt, ist das Verfahren ähnlich und besteht aus schriftlichen und mündlichen Prüfungen sowie Einzel- und Gruppengesprächen. Bei der Auswahl sind auch Professoren des Studienfaches beteiligt, die vor allem bei dem Teil der Prüfung den Kandidaten auf den Zahn fühlen, wo es um die Studienleistungen und das fachliche Wissen geht. Nach Abschluss des Auswahlgesprächs geben die Prüfer eine Empfehlung ab, wer in den Kreis der Stipendiaten aufgenommen werden sollte. Üblich ist die Aufnahme für ein Jahr im Sinne einer Probeförderung. Über eine Weiterförderung wird später entschieden, wobei ein weiterhin erfolgreicher Studienverlauf eine wichtige Rolle spielt. Hierzu ist es üblich, dass die Stipendiaten der Stiftung einen Semesterbericht vorlegen. Im günstigen Fall wird man bis zum Ende der Förderhöchstdauer unterstützt. Diese orientiert sich am jeweiligen Studienfach und berücksichtigt einen Zeitrahmen, in dem man sein Studium abgeschlossen haben kann.

Die Kriterien, nach denen die Stipendiaten ausgesucht werden, sind ähnlich. Fachliche und persönliche Eignung für das gewählte Studium ist überall wichtig. Ebenso ein erfolgreicher Studienverlauf und entsprechende Leistungsbereitschaft. Hinzu kommen je nach Stiftung spezielle Kriterien, z.B. politisches, soziales oder kirchliches Engagement.

Wer schließlich für eine Förderung ausgewählt wurde, wird während des ganzen Studiums durch sogenannte Vertrauensdozenten an der Hochschule betreut, die sich auch um die Studienplanung kümmern. Hiervon ist die weitere Förderung abhängig.

Noch eine kleine Einschränkung: Die meisten Begabtenförderungswerke berücksichtigen keine Studienanfänger, weil die Studienleistungen ein wichtiges Kriterium bei der Bewerberauswahl sind und Studienanfänger noch keine Leistungen vorweisen können. Üblich ist eine Bewerbung für das zweite oder dritte Semester. Eine Bewerbung zum ersten Semester ist derzeit nur bei der Studienstiftung des deutschen Volkes, der Friedrich-Naumann-Stiftung (sogenanntes Probestipendium), der Hanns Seidel-Stiftung und der Hans-Böckler-Stiftung (nur in der »Böckler-Aktion-Bildung«) möglich.

Bleibt noch eine wichtige Frage offen, ob es sinnvoll ist, sich bei mehreren Begabtenförderungswerken gleichzeitig zu bewerben. Im Prinzip nein, höchstens bei zwei Stiftungen, falls man die Anforderungen und Kriterien von beiden Förderungswerken erfüllt.

Es folgt eine Übersicht über die Begabtenförderungswerke. Auf der jeweiligen Homepage kann man in Erfahrung bringen, welche Zielgruppe bevorzugt gefördert wird, Mindest- und Höchstalter der Bewerber, spezifische Anforderungen an die Stipendiaten, Laufzeit der Förderung, Form der Bewerbung, Bewerbungstermine und besondere Programme der jeweiligen Stiftung. Die Bewerbungsvordrucke können in der Regel von der Homepage der jeweiligen Institution heruntergeladen werden.

Konrad-Adenauer-Stiftung

Begabtenförderung und Kultur, Rathausallee 12, 53757 St. Augustin, Tel. 02241 / 246-2328, Internet: *www.kas.de*

Friedrich-Ebert-Stiftung
Abteilung Studienförderung, Godesberger Allee 149, 53175 Bonn, Tel. 0228 / 883-0, Fax 0228 / 883-697, Internet: *www.fes.de*

Friedrich-Naumann-Stiftung für die Freiheit
Abteilung Wissenschaftliche Dienste und Begabtenförderung, Karl-Marx-Straße 2, 14482 Potsdam, Tel. 0331 / 7019-349, Fax 0331 / 7019-222, Internet: *www.freiheit.org*

Hanns-Seidel-Stiftung
Lazarettstraße 33, 80636 München, Tel. 089 / 1258-301, Fax 089 / 1258-0, Internet: *www.hss.de*

Heinrich-Böll-Stiftung
Studienwerk, Rosenthaler Straße 40–41, 10178 Berlin,
Tel. 030 / 28534-400, Fax 030 / 28534-409, Internet: *www.boell.de*

Studienstiftung des deutschen Volkes
Mirbachstraße 7, 53173 Bonn, Tel. 0228 / 82096-0, Fax 0228 / 82096-84, Internet: *www.studienstiftung.de*

Cusanuswerk – Bischöfliche Studienförderung
Baumschulallee 5, 53115 Bonn, Tel. 0228 / 6314-07/08, Fax 0228 / 651912, Internet: *www.cusanuswerk.de*

Evangelisches Studienwerk
Haus Villigst, Iserlohner Straße 25, 58239 Schwerte, Tel. 02304 / 755-213, Fax 02304 / 755-250, Internet: *www.evstudienwerk.de*

Hans-Böckler-Stiftung
Abteilung Studienförderung, Bertha-von-Suttner-Platz 3, 40227 Düsseldorf, Tel. 0211 / 7778-0, Fax 0211 / 7778-120, Internet: *www.boeckler.de*

Stiftung der Deutschen Wirtschaft –
Studienförderwerk Klaus Murmann
Haus der Deutschen Wirtschaft, Breite Straße 29, 10178 Berlin, Tel. 030 / 2033-1557, Fax 030 / 2033-15 55, Internet: *www.sdw.org*

Außer diesen großen und in ganz Deutschland tätigen Förderungswerken gibt es weitere Stiftungen, die Stipendien und Zuschüsse vergeben, und zwar an folgende Personengruppen:

- Studierende allgemein
- Studierende einzelner Fächer
- Studierende an bestimmten Hochschulen
- Studierende, die an einem bestimmten Hochschulort studieren
- Studierende, die aus einer bestimmten Region stammen
- Studierende einer bestimmten Konfession
- Studierende, deren Eltern einer bestimmten Berufsgruppe angehören

Diese vielen – zumeist kleineren – Stiftungen, von denen es einige Hundert gibt und die in der Regel keine volle Studienförderung gewähren, sondern sachlich und zeitlich befristete Vorhaben fördern, wie zum Beispiel einen Auslandsaufenthalt, die Teilnahme an einer Exkursion, die Anfertigung einer Examensarbeit, werden in folgendem Studienführer umfassend vorgestellt:

Dieter Herrmann/Angela Verse-Herrmann, *Geld fürs Studium und die Doktorarbeit. Wer fördert was?*, 2006. Er beantwortet alle Fragen zum Thema Studienfinanzierung.

Eine weitere gute Recherchemöglichkeit ist die Datenbank unter *www.stipendienlotse.de*

Neue Möglichkeit: Studieren mit Kredit

Für »besondere Ausbildungssituationen«, wozu Praktika im In- und Ausland, eine Exkursion oder die Finanzierung teurer Studienmaterialien gehören, kann der sogenannte *Bildungskredit* beantragt werden. Er wird – anders als BAföG – unabhängig vom eigenen Einkommen und Vermögen bzw. dem der Eltern oder des Ehepartners vergeben.

Der Kredit kann für max. zwei Jahre und mit einer monatlichen Auszahlung von 100, 200 oder 300 Euro gewährt werden (Darlehenshöchstbetrag 7.200 Euro).

Auf Antrag kann die Zahl der Monatsraten reduziert werden, jedoch nicht auf weniger als drei. In diesem Fall kann zu einem späteren Zeitpunkt ein zweiter Kredit bis zur Höhe von 24 Raten beantragt werden.

Wird glaubhaft gemacht, dass ein bestimmter Betrag unmittelbar für die Finanzierung eines besonderen Aufwandes benötigt wird, kann neben dem monatlichen Kredit ein Abschlag im Voraus bis zur Höhe von sechs Raten ausgezahlt werden.

Die Antragstellung erfolgt schriftlich beim Bundesverwaltungsamt, Abteilung IV Bildungskredit, 50728 Köln, oder online unter *www.bundesverwaltungsamt.de*, worauf nach Prüfung des Antrags der Student einen Kredit von der KfW-Bankengruppe erhält; ein Vertragsangebot ist dem Bewilligungsbescheid bereits beigefügt, das für einen Monat Gültigkeit hat und dann verfällt.

Von Beginn der Auszahlung an ist der Kredit zu verzinsen. Die Zinsen werden bis zum Beginn der Rückzahlung gestundet. Tilgungsfrei sind die ersten vier Jahre nach Beginn der Auszahlung. Anschließend wird der Kredit in monatlichen Raten zu 120 Euro zurückgezahlt, die vierteljährlich zum Quartalsende eingezogen werden. Eine teilweise oder vollständige vorzeitige Rückzahlung ist ohne zusätzliche Kosten möglich. Ein Teilerlass des Darlehens bei vorzeitiger Rückzahlung wird – anders als beim BAföG – nicht gewährt.

Beantragt werden kann der Bildungskredit von allen Studierenden bis zum Ende des zwölften Studiensemesters, sofern sie die Zwischenprüfung bestanden haben (oder eine Bescheinigung vorlegen, dass in ihrem Studiengang keine vorgesehen ist) oder sie den ersten Teil eines konsekutiven Studiengangs (d. h. eines Bachelorstudiengangs) erfolgreich abgeschlossen haben und sich in einem Masterstudiengang befinden.

Auch ausländische Studierende sind – wie beim BAföG – unter bestimmten Bedingungen antragsberechtigt.

Der Bildungskredit kann auch neben dem BAföG in Anspruch genommen werden.

Weitere Informationen unter *www.bildungskredit.de* oder *www.kfw-foerderbank.de* (Pfad »Studium und Beruf«, dann »Wissenskredite für Studenten«).

Mit dem *Studienkredit* der KfW-Förderbank können Studierende im Erststudium zur Finanzierung ihrer Lebenshaltungskosten pro Monat zwischen 100 und 650 Euro Kredit beantragen. Dieser ist in der Regel auf zehn Fachsemester beschränkt.

Die KfW-Förderbank bietet diesen Studienkredit allen Studierenden zum gleichen Zinssatz an, unabhängig vom Studienfach, Studienort, den bisherigen Leistungen, möglichem eigenem Einkommen oder Einkommen der Eltern. Sicherheiten brauchen nicht gestellt zu werden. Der Zinssatz des KfW-Studienkredits ist variabel und wird halbjährlich neu festgelegt.

Die Rückzahlung erfolgt nach Eintritt in das Berufsleben in monatlichen Raten und kann bis auf 25 Jahre gestreckt werden. Sie beginnt frühestens sechs, spätestens 23 Monate nach Auszahlungsende. Möglich ist auch eine außerplanmäßige Rückzahlung. Weiterhin ist eine Kombination mit anderen Studienfinanzierungsformen wie BAföG oder dem o.g. Bildungskredit möglich.

Bedingung ist, dass die Studierenden volljährig und bei Finanzierungsbeginn nicht älter als 30 Jahre sind. Sie müssen als Vollzeitstudierende an einer staatlichen oder staatlich anerkannten Hochschule mit Sitz in Deutschland eingeschrieben sein.

Noch eine wichtige Einschränkung: Einen Studienkredit können nur Studierende mit einer positiven Schufa-Auskunft in Anspruch nehmen. Wer bereits andere Kredite am Laufen hat oder einen negativen Schufa-Eintrag, dessen Antrag kann abgelehnt werden.

Weitere Informationen unter *www.kfw-foerderbank.de* (Pfad »Studium und Beruf«, dann »Wissenskredite für Studierende«) und unter *www.kfw-chancen.de/studienkredit*.

Darüber hinaus bieten auch andere Institute Studienkredite an. Interessenten sollten sich zu aktuellen Entwicklungen vor allem auf der Website des Centrums für Hochschulentwicklung Gütersloh unter *www.che.de* informieren und auch deren jeweils neueste Kreditvergleiche lesen. Siehe hierzu unter

http://www.che.de/downloads/CHE_Studienkredit_Test_2009_AP120.pdf

Die teilweise oder gänzliche Finanzierung eines Studiums über einen Kredit ist recht neu in Deutschland. Die Entscheidung für oder gegen einen Studienkredit sollte jedoch nicht überstürzt werden. Studierende sollten vorab prüfen, ob für sie BAföG, ein Stipendium oder der staatliche Studienkredit in Frage kommt. Auch sollten sie ihren Bedarf kritisch einschätzen und sich über die Höhe der monatlichen Raten klar werden. In jedem Fall sollten sie sich vorher ausrechnen, wie hoch der Kredit einschließlich der Verzinsung über die gesamte Laufzeit des Vertrages ist.

Der Spagat: Studium und Jobben

Denjenigen, denen BAföG nicht zusteht, die keine Aussicht auf ein Stipendium haben, die keinen Kredit aufnehmen wollen und deren Eltern nicht in der Lage sind, jeden Monat rund 740 Euro für die Ausbildung ihrer Kinder auszugeben, bleibt nichts anderes übrig, als in den Semesterferien oder auch während des Semesters zu arbeiten. So gehen mittlerweile rd. 65 Prozent der Studierenden einer Erwerbstätigkeit nach, die in immer stärkerem Maße nicht ausschließlich in den Semesterferien, sondern in gleich hohem Umfang während des Semesters erfolgt.

Die Frage, wie man einen gut bezahlten Job bekommt, ist nicht einfach zu beantworten, da in Zeiten hoher Arbeitslosigkeit auch studentische Jobs rar sind und es, je nachdem, an welchem Ort man studiert, mehr oder weniger studentische Jobs gibt.

Um den Studierenden die Jobsuche zu erleichtern, haben die Arbeitsagenturen an den Hochschulorten eigene Arbeitsvermittlungen für Studierende eingerichtet, die Tagesjobs und längere Beschäftigungsverhältnisse sowohl für die Semesterferien als auch für die Vorlesungszeit vermitteln. Vor allem in den Semesterferien werden Aushilfskräfte vielerorts benötigt.

Im Allgemeinen ist es leichter, eine Arbeit zu finden, wenn fachliche Qualifikationen vorhanden sind. Gefragt sind vor allem Fähigkeiten im Tastaturschreiben und Kenntnisse in moderner Textverarbeitung. Aus diesem Grund sind entsprechende Kurse eine sinnvolle Investition nicht nur für die Jobsuche während des Studiums. Solche Qualifikationen werden auch von vielen Arbeitgebern nach dem Examen erwartet. Viele Hochschulen bieten ihren Studierenden kostenfreie Kurse an.

Was Studierende sonst alles tun oder, besser gesagt, tun müssen, um ihr Studium zu finanzieren, ist vielfältig und manchmal skurril: Arbeit im Restaurant oder Café, in der Fabrik und an der Tankstelle, als Zeitungsausträger, bei Umzügen und auf dem Bau, als Babysitter, Stadtführer,

Aufpasser in Museen oder an der Kasse eines Supermarktes. In Hochschulstädten, in denen der Anteil der Studierenden an der Gesamtbevölkerung sehr hoch ist, gibt es kaum eine Tätigkeit, wo man nicht ab und an auf Studenten trifft.

Auch an den Hochschulen gibt es studentische Jobs, die sowohl für den Geldbeutel als auch für die Ausbildung lohnend sind. Es handelt sich um sogenannte Tutoren- oder studentische Hilfskraftstellen. Unter der Leitung einer Hochschullehrerin oder eines Hochschullehrers darf man Hilfsarbeiten im Forschungs- und Lehrbetrieb ausführen. Solche Stellen sind sehr begehrt und entsprechend rar. Für Studienanfänger kommen sie kaum in Frage, da sie zumeist an Studierende vergeben werden, die einen Teil ihres Studiums erfolgreich abgeschlossen haben.

Ausgaben minimieren: Vergünstigungen für Studierende

Der Status als Student oder Studentin bringt eine Reihe von finanziellen Vorteilen. Manchen Zeitgenossen erscheinen diese Vergünstigungen so groß, dass sie von einer vom Staat privilegierten Gruppe sprechen. Diese Ansicht ist zweifellos einseitig und unhaltbar. Da Studierende, im Gegensatz zu Auszubildenden, keine Ausbildungsvergütung bekommen und bei vielen Studenten die Studienfinanzierung auf unsicheren Beinen steht und selbst bei einer vollen Finanzierung durch die Eltern die Abhängigkeit groß ist, brauchen Studierende Vergünstigungen, die andere Gruppen der Gesellschaft nicht benötigen.

Der Nachweis für alle Studierende, dass sie Student oder Studentin sind, ist der Studentenausweis. Mit diesem Ausweis ist eine Reihe von Vorteilen verbunden, die man erst einmal nicht vermuten würde:

- Man hat die Berechtigung, sich für ein studentisches Wohnheimzimmer oder -apartment zu bewerben, das preislich günstiger ist als Zimmer oder Wohnungen auf dem freien Wohnungsmarkt.
- Bei Vorlage des Studentenausweises kann man in der Mensa und in den Cafeterien der Hochschule preisgünstiger essen und trinken, als dies in einem Restaurant möglich ist.
- Der Studentenausweis berechtigt in vielen Städten, mit Bahn und Bussen sowie bei Heimfahrten zu einem studentischen Tarif zu fahren. Oder es wird die Berechtigung erworben, mit Zahlung des Sozialbei-

trags kostenfrei die Verkehrsmittel im und rund um den Hochschulort zu nutzen.

- An fast allen Hochschulorten gibt es für Studierende ermäßigte Preise für Theater, Konzerte, Museen und mancherorts auch fürs Kino.
- Wer einen Studentenausweis hat, kann sich einen Internationalen Studentenausweis ausstellen lassen, der viele Vorteile bei Reisen im Ausland bringt.
- Studierende können die Sporteinrichtungen der Hochschule kostenfrei oder gegen geringe Gebühr nutzen.
- Es gibt Kreditinstitute, die die Konten ihrer studentischen Kunden kostenfrei oder gegen geringere Gebühr führen.
- Manche Zeitungs- und Zeitschriftenverlage bieten preisgünstige Studentenabonnements an.
- Die studentische Kranken- und Pflegeversicherung ist preislich günstiger als die Tarife für Berufstätige.
- Wer ein bestimmtes Einkommen monatlich nicht überschreitet, erhält für das eigene Telefon eine ermäßigte Grundgebühr und eine Befreiung von den Rundfunk- und Fernsehgebühren.
- In manchen Städten besteht für Studierende die Möglichkeit, einen sogenannten Sozialausweis zu beantragen, mit dem man innerhalb der Stadt weitere Vergünstigungen hat.

Wir dürfen auch eine Vergünstigung nicht vergessen, die so selbstverständlich ist, dass man sie nicht als Vergünstigung sieht: Die Tatsache nämlich, dass in einer Stadt Studenten studieren und leben, führt dazu, dass Geschäfte auf studentische Geldbeutel zugeschnittene Waren und Dienstleistungen anbieten, die es in Orten ohne Studierende nicht gibt.

Auch hat man als Student günstige Konditionen für die Krankenversicherung. Insgesamt stehen den Studierenden, die nach den gesetzlichen Bestimmungen krankenversichert sein müssen, vier Möglichkeiten offen:

1. Kostenlose Mitversicherung in der gesetzlichen Krankenversicherung der Eltern (oder des Ehepartners). Diese Möglichkeit der sogenannten Familienversicherung besteht aber nur bis zum 25. Lebensjahr. Wehr-/Zivildienstzeiten etc. werden mit berücksichtigt. Wer über seinen Ehe-

partner oder eingetragenen Lebenspartner versichert ist, für den gilt die Altersgrenze nicht.

2. Eigene studentische Krankenversicherung bei einem gesetzlichen Krankenversicherungsunternehmen. Die Kosten betragen pro Monat derzeit 55,55 Euro. Hinzu kommen Beiträge zur Pflegeversicherung von 9,98 Euro/Monat (ab dem 23. Lebensjahr 11,26 Euro, sofern die Versicherten kinderlos sind). Eine solche Krankenversicherung kann bis zum Ende des 14. Fachsemesters oder bis zur Vollendung des 30. Lebensjahres genutzt werden.

3. Hat man die o.g. Höchstgrenzen der gesetzlichen Krankenversicherung überschritten, besteht die Möglichkeit, sich freiwillig weiterzuversichern bis zu einer Dauer von sechs Monaten im direkten Anschluss. Der Tarif richtet sich nach der finanziellen Leistungsfähigkeit des freiwilligen Mitgliedes (ab ca. 125 Euro monatlich, Pflegeversicherung mind. 16,38 Euro).

4. Eigene studentische Versicherung bei einem privaten Krankenversicherungsunternehmen. Die Kosten pro Monat sind abhängig von verschiedenen Faktoren, u. a. dem Eintrittsalter, dem gewählten Leistungsumfang, vom Geschlecht und von der Selbstbeteiligung. Hinzu kommt noch die private Pflegeversicherung.

Studierende, die bis zum Beginn des Studiums Mitglied einer privaten Krankenversicherung waren, müssen sich zu Beginn des Studiums entscheiden, ob sie sich für die Dauer des Studiums bei einer gesetzlichen Krankenversicherung oder privat versichern wollen. Diese Entscheidung gilt für die Dauer des Studiums und ist nicht widerrufbar.

Wer während der Vorlesungszeit mehr als 20 Wochenstunden arbeitet oder beim Einkommen den Jahresgrundfreibetrag (2009: 7834 Euro) überschreitet, kann den studentischen Tarif nicht mehr in Anspruch nehmen und muss Arbeitnehmerbeiträge entrichten.

Bücher und Websites zum Weiterlesen

1000 Wege nach dem Abitur versteht sich als Basisbuch für Abiturienten. Einige Aspekte sollten allerdings noch vertieft werden. Wir geben Ihnen nachfolgend eine Übersicht über informative Bücher und Websites zu einzelnen Themen:

Ausbildungsberufe
Studien- und Berufswahl 2009/2010, hrsg. von den Ländern der Bundesrepublik Deutschland und der Bundesagentur für Arbeit, 2009 (wird in den Schulen kostenlos verteilt, enthält vor allem Ausbildungsberufe, die von Abiturienten stark nachgefragt werden)

www.berufenet.arbeitsagentur.de (Berufe-Datenbank der Arbeitsagentur, gute Darstellung von Ausbildungsberufen)

Bewerbung um den Ausbildungsplatz
Jürgen Hesse, Hans Christian Schrader, *Praxismappe Bewerbung für Ausbildungsplatzsuchende. Der erfolgreiche Weg von der Schule in den Beruf (mit CD-ROM)*, 2007

Jürgen Hesse, Hans Christian Schrader, *Testtraining für Ausbildungsplatzsuchende. Wie man Assessment Center und andere Auswahlverfahren erfolgreich besteht*, 2008

Jürgen Hesse, Hans Christian Schrader, *Testtraining 2000plus. Einstellungs- und Eignungstests erfolgreich bestehen (mit CD-ROM)*, 2009

Berufs- und Studienfachwahl
Dieter Herrmann, Angela Verse-Herrmann, *Der große Berufswahltest. So entscheide ich mich für den richtigen Beruf*, 2009

Dieter Herrmann, Angela Verse-Herrmann, *Der große Studienwahltest. So entscheide ich mich für das richtige Studienfach*, 2008

Dieter Herrmann, Angela Verse-Herrmann, *Studieren, aber was? Die richtige Studienwahl für optimale Berufsperspektiven*, 2007

Hochschulauswahlverfahren
Dieter Herrmann, Angela Verse-Herrmann, *Erfolgreich bewerben an Hochschulen. So bekommen Sie Ihren Wunschstudienplatz*, 2008

Berufsakademien / Duales Studium
Helmut E. Klein, *Abiturientenausbildung der Wirtschaft. Die praxisnahe Alternative zur Hochschule (CD-ROM mit Begleitheft)*, 2009

www.ausbildungplus.de

Studienfinanzierung, BAföG, Stipendien, Studienkredite
Dieter Herrmann, Angela Verse-Herrmann, *Geld fürs Studium und die Doktorarbeit. Wer fördert was?*, 2006

www.bafoeg.bmbf.de (umfassende BAföG-Informationen)

www.stipendienlotse.de (neue Stipendiendatenbank)

Hochschulen in Deutschland mit Internetadressen

Aufgeführt in alphabetischer Reihenfolge nach Städten:

AACHEN

Rheinisch-Westfälische Technische Hochschule Aachen
www.rwth-aachen.de

Fachhochschule Aachen
www.fh-aachen.de

AALEN

Hochschule Aalen
www.htw-aalen.de

ALBSTADT

Hochschule Albstadt-Sigmaringen
www.hs-albsig.de

ALFTER

Alanus Hochschule. Staatlich anerkannte, private Hochschule für Kunst und Gesellschaft
www.alanus.edu

AMBERG

Hochschule Amberg-Weiden. Hochschule für angewandte Wissenschaften
www.haw-aw.de

ANHALT

Hochschule Anhalt
www.hs-anhalt.de

ANSBACH

Fachhochschule Ansbach
www.fh-ansbach.de

ARNSTADT

FH Kunst Arnstadt
www.fh-kunst.de

ASCHAFFENBURG

Hochschule Aschaffenburg
www.fh-aschaffenburg.de

AUGSBURG

Universität Augsburg
www.uni-augsburg.de

Hochschule für angewandte Wissenschaften. Fachhochschule Augsburg
www.hs-augsburg.de

BAD HOMBURG

accadis Hochschule Bad Homburg
www.accadis.com

BAD HONNEF

Internationale Fachhochschule Bad Honnef-Bonn
www.fh-bad-honnef.de

BAD SOODEN-ALLENDORF

Private Fachhochschule Nordhessen
www.fh-nordhessen.de

BAD WILDBAD

Internationale Hochschule für Kreativpädagogik und künstlerische Therapien
www.internationale-hochschule-calw.de

BAMBERG

Otto-Friedrich-Universität Bamberg
www.uni-bamberg.de

BAYREUTH

Universität Bayreuth
www.uni-bayreuth.de

Hochschule für evangelische Kirchenmusik der Evangelisch-Lutherischen Landeskirche in Bayern
www.hfk-bayreuth.de

BENEDIKTBEUERN

Philosophisch-Theologische Hochschule der Salesianer Don Boscos
www.pth-bb.de

Katholische Stiftungs-Fachhochschule München, Abteilung Benediktbeuern
www.ksfh.de

BERGISCH GLADBACH

Fachhochschule der Wirtschaft (FHDW)
www.fhdw.de

BERLIN

Freie Universität Berlin
www.fu-berlin.de

Humboldt-Universität zu Berlin
www.hu-berlin.de

Technische Universität Berlin
www.tu-berlin.de

Universität der Künste Berlin
www.udk-berlin.de

Kunsthochschule Berlin-Weißensee
www.kh-berlin.de

Hochschule für Musik »Hanns Eisler« Berlin
www.hfm-berlin.de

Hochschule für Schauspielkunst »Ernst Busch« Berlin
www.hfs-berlin.de

Berliner Technische Kunsthochschule – Hochschule für Gestaltung
www.btk-fh.de

Alice Salomon Hochschule für Sozialarbeit und Sozialpädagogik Berlin
www.ash-berlin.eu

Evangelische Fachhochschule Berlin – Fachhochschule für Sozialpädagogik/ Sozialarbeit
www.evfh-berlin.de

Katholische Hochschule für Sozialwesen Berlin (KHSB)
www.khsb-berlin.de

Beuth Hochschule für Technik Berlin
www.beuth-hochschule.de

Hochschule für Technik und Wirtschaft Berlin
www.htw-berlin.de

Hochschule für Wirtschaft und Recht Berlin
www.hwr-berlin.de

SRH Hochschule
www.srh-hochschule-berlin.de

Steinbeis-Hochschule Berlin
www.steinbeis-hochschule.de

ESCP Europe, Campus Berlin
www.escpeurope.de

Design Akademie Berlin - Hochschule für Kommunikation und Design
www.design-akademie-berlin.de

MEDIADESIGN Hochschule für Design und Informatik
www.mediadesign.de

Hochschule für Medien, Kommunikation und Wirtschaft HMKW
www.hmkw.de

bbw Hochschule
www.bbw-hochschule.de

BETHEL

Kirchliche Hochschule Wuppertal/Bethel
www.kiho-bethel.de
www.kiho-wuppertal.de

BIBERACH

Hochschule Biberach
www.hochschule-biberach.de

BIELEFELD

Universität Bielefeld
www.uni-bielefeld.de

Fachhochschule Bielefeld
www.fh-bielefeld.de

Fachhochschule des Mittelstandes (FHM)
www.fhm-mittelstand.de

Fachhochschule der Wirtschaft (FHDW)
www.fhdw.de

Fachhochschule der DIAKONIE – Diaconia
www.fhdd.de

BINGEN

Fachhochschule Bingen
www.fh-bingen.de

BOCHUM

Ruhr-Universität Bochum
www.ruhr-uni-bochum.de

Hochschule Bochum
www.hochschule-bochum.de

Technische Fachhochschule Georg Agricola für Rohstoff, Energie und Umwelt zu Bochum
www.tfh-bochum.de

Evangelische Fachhochschule Rheinland-Westfalen-Lippe
www.efh-bochum.de

EBZ Business School
www.ebz-business-school.de

BONN

Rheinische Friedrich-Wilhelms-Universität Bonn
www.uni-bonn.de

Hochschule Bonn-Rhein-Sieg (Rheinbach/St. Augustin)
www.fh-bonn-rhein-sieg.de

BRANDENBURG

Fachhochschule Brandenburg
www.fh-brandenburg.de

BRAUNSCHWEIG

Technische Universität Carolo-Wilhelmina zu Braunschweig
www.tu-braunschweig.de

Fachhochschule Braunschweig-Wolfenbüttel
www.wolfenbuettel.de

Hochschule für Bildende Künste Braunschweig
www.hbk-bs.de

BREMEN

Universität Bremen
www.uni-bremen.de

Jacobs University Bremen
www.jacobs-university.de

Hochschule Bremen
www.hs-bremen.de

Hochschule für Künste
www.hfk-bremen.de

BREMERHAVEN

Hochschule Bremerhaven
www.hs-bremerhaven.de

BRÜHL

Europäische Fachhochschule
www.eufh.de

BUXTEHUDE

Hochschule21 gemeinnützige GmbH
www.hs21.de

CALW

SRH Hochschule Calw
www.hochschule-calw.de

CHEMNITZ

Technische Universität Chemnitz
www.tu-chemnitz.de

CLAUSTAHL

Technische Universität Clausthal
www.tu-clausthal.de

COBURG

Hochschule für angewandte Wissenschaften. Fachhochschule Coburg
www.hs-coburg.de

Fachhochschule Schloss Hohenfels. Staatlich anerkannte private Hochschule für Fachtherapien im Gesundheitswesen
www.fh-schloss-hohenfels.de

COTTBUS

Brandenburgische Technische Universität Cottbus (BTU)
www.tu-cottbus.de

DARMSTADT

Technische Universität Darmstadt
www.tu-darmstadt.de

Hochschule Darmstadt
www.h-da.de

Evangelische Fachhochschule Darmstadt
www.efh-darmstadt.de

Private Fernhochschule Darmstadt
www.privatfh-da.de

DEGGENDORF

Hochschule Deggendorf
www.fh-deggendorf.de

DETMOLD

Hochschule für Musik Detmold
www.hfm-detmold.de

DORTMUND

Technische Universität Dortmund
www.tu-dortmund.de

Fachhochschule Dortmund
www.fh-dortmund.de

International School of Management (ISM) Dortmund
www.ism.de

DRESDEN

Technische Universität Dresden
www.tu-dresden.de

Dresden International University (DIU)
www.dresden-international-university.com

Hochschule für Technik und Wirtschaft Dresden
www.htw-dresden.de

Evangelische Hochschule für Soziale Arbeit
www.ehs-dresden.de

Fachhochschule der Wirtschaft (FHDW)
www.fhdw.de

Hochschule für Bildende Künste Dresden
www.hfbk-dresden.de

Hochschule für Kirchenmusik der Evangelisch-Lutherischen Landeskirche Sachsens
www.kirchenmusik-dresden.de

Hochschule für Musik »Carl Maria von Weber« Dresden
www.hfmdd.de

Palucca Schule Dresden – Hochschule für Tanz
www.palucca.eu

DUISBURG

Universität Duisburg-Essen
www.uni-duisburg-essen.de

DÜSSELDORF

Heinrich-Heine-Universität Düsseldorf
www.uni-duesseldorf.de

Kunstakademie Düsseldorf
www.kunstakademie-duesseldorf.de

Robert-Schumann-Hochschule Düsseldorf
www.rsh-duesseldorf.de

Fachhochschule Düsseldorf
www.fh-duesseldorf.de

EBERSWALDE

Fachhochschule Eberswalde
www.fh-eberswalde.de

EICHSTÄTT

Katholische Universität Eichstätt-Ingolstadt
www.ku-eichstaett.de

ELMSHORN

Nordakademie. Hochschule der Wirtschaft
www.nordakademie.de

ERFURT

Universität Erfurt
www.uni-erfurt.de

Fachhochschule Erfurt
www.fh-erfurt.de

Adam-Ries-Fachhochschule
www.adam-ries-fh.de

ERLANGEN

Friedrich-Alexander-Universität Erlangen-Nürnberg
www.uni-erlangen.de

ESSEN

Universität Duisburg-Essen
www.uni-duisburg-essen.de

Folkwang Hochschule Essen
www.folkwang-hochschule.de

Fachhochschule für Oekonomie & Management
www.fom.de

ESSLINGEN

Hochschule Esslingen
www.hs-esslingen.de

FLENSBURG

Universität Flensburg
www.uni-flensburg.de

Fachhochschule Flensburg
www.fh-flensburg.de

FRANKFURT (MAIN)

Johann Wolfgang Goethe-Universität Frankfurt am Main
www.uni-frankfurt.de

Fachhochschule Frankfurt am Main
www.fh-frankfurt.de

Frankfurt School of Finance and Management
www.frankfurt-school.de

Staatliche Hochschule für Bildende Künste – Städelschule
www.staedelschule.de

Hochschule für Musik und Darstellende Kunst Frankfurt a. M.
www.hfmdk-frankfurt.de

Philosophisch-Theologische Hochschule Sankt Georgen
www.sankt-georgen.de

Provadis School of International Management and Technology AG
www.provadis-hochschule.de

FRANKFURT (ODER)

Stiftung Europa-Universität Viadrina Frankfurt (Oder)
www.euv-frankfurt-o.de

FREIBERG

Technische Universität Bergakademie Freiberg
www.tu-freiberg.de

FREIBURG

Albert-Ludwigs-Universität Freiburg im Breisgau
www.uni-freiburg.de

Pädagogische Hochschule Freiburg
www.ph-freiburg.de

Evangelische Fachhochschule Freiburg. Hochschule für Soziale Arbeit, Diakonie und Religionspädagogik
www.efh-freiburg.de

Katholische Fachhochschule Freiburg. Hochschule für Sozialwesen, Religionspädagogik und Pflege
www.kfh-freiburg.de

Staatliche Hochschule für Musik Freiburg i. Br.
www.mh-freiburg.de

FREISING

Fachhochschule Weihenstephan
www.fh-weihenstephan.de

FRIEDENSAU

Theologische Hochschule Friedensau
www.thh-friedensau.de

FRIEDRICHSHAFEN

Zeppelin-University
www.zeppelin-university.de

FULDA

Hochschule Fulda
www.hs-fulda.de

Theologische Fakultät Fulda
www.thf-fulda.de

FURTWANGEN

Hochschule Furtwangen
www.hs-furtwangen.de

GELSENKIRCHEN

Fachhochschule Gelsenkirchen
www.fh-gelsenkirchen.de

GERA

SRH Fachhochschule für Gesundheit Gera
www.gesundheitshochschule.de

GIESSEN

Justus-Liebig-Universität Gießen
www.uni-giessen.de

Fachhochschule Gießen-Friedberg
www.fh-giessen-friedberg.de

GÖRLITZ

Hochschule Zittau/Görlitz
www.hs-zigr.de

GÖTTINGEN

Georg-August-Universität Göttingen
www.uni-goettingen.de

Private Fachhochschule Göttingen
www.pfh.de

GREIFSWALD

Ernst-Moritz-Arndt-Universität Greifswald
www.uni-greifswald.de

GÜSTROW

Baltic College Güstrow
www.baltic-college.de

HAGEN

FernUniversität in Hagen
www.fernuni-hagen.de

HALLE

Martin-Luther-Universität Halle-Wittenberg
www.uni-halle.de

Evangelische Hochschule für Kirchenmusik Halle an der Saale
www.ehk-halle.de

Burg Giebichenstein. Hochschule für Kunst und Design Halle
www.burg-halle.de

HAMBURG

Universität Hamburg
www.uni-hamburg.de

Technische Universität Hamburg-Harburg
www.tu-harburg.de

Helmut-Schmidt-Universität – Universität der Bundeswehr Hamburg
www.unibw-hamburg.de

HafenCity Universität Hamburg – Universität für Baukunst und Metropolenentwicklung
www.hcu-hamburg.de

Bucerius Law School. Hochschule für Rechtswissenschaft
www.law-school.de

Hochschule für Angewandte Wissenschaften Hamburg
www.haw-hamburg.de

Evangelische Hochschule für Soziale Arbeit & Diakonie
www.ev-hochschule-hh.de

Hochschule für bildende Künste Hamburg
www.hfbk-hamburg.de

Hochschule für Musik und Theater Hamburg
www.musikhochschule-hamburg.de

Europäische Fernhochschule Hamburg
www.euro-fh.de

HFH Hamburger Fern-Hochschule
www.hamburger-fh.de

HAMM

Hochschule Hamm-Lippstadt
www.hshl.de

SRH Fachhochschule Hamm. Hochschule für Logistik und Wirtschaft
www.fh-hamm.srh.de

HANNOVER

Gottfried Wilhelm Leibniz Universität
www.uni-hannover.de

Medizinische Hochschule Hannover
www.mh-hannover.de

Tierärztliche Hochschule Hannover
www.tiho-hannover.de

Hochschule für Musik und Theater Hannover
www.hmt-hannover.de

Fachhochschule Hannover
www.fh-hannover.de

Evangelische Fachhochschule Hannover
www.efh-hannover.de

Fachhochschule für die Wirtschaft (FHDW) Hannover
www.fhdw.de

HEIDE

Fachhochschule Westküste. Hochschule für Wirtschaft und Technik
www.fh-westkueste.de

HEIDELBERG

Ruprecht-Karls-Universität Heidelberg
www.uni-heidelberg.de

Pädagogische Hochschule Heidelberg
www.ph-heidelberg.de

Hochschule für Jüdische Studien
www.hfjs.eu

SRH Hochschule Heidelberg
www.fh-heidelberg.de

Hochschule für Kirchenmusik der Evangelischen Landeskirche in Baden
www.hfk-heidelberg.de

HEIDENHEIM

Duale Hochschule Baden-Württemberg Heidenheim
www.dhbw-heidenheim.de

HEILBRONN

Hochschule Heilbronn
www.fh-heilbronn.de

HERFORD

Hochschule für Kirchenmusik der Evangelischen Kirche von Westfalen
www.hochschule-herford.de

HILDESHEIM

Universität Hildesheim
www.uni-hildesheim.de

Fachhochschule Hildesheim/Holzminden/Göttingen. Hochschule für angewandte Wissenschaften und Kunst
www.hawk-hhg.de

HOF

Fachhochschule Hof
www.fh-hof.de

HOHENHEIM

Universität Hohenheim
www.uni-hohenheim.de

IDSTEIN

Hochschule Fresenius
www.fh-fresenius.de

ILMENAU

Technische Universität Ilmenau
www.tu-ilmenau.de

INGOLSTADT

Hochschule für angewandte Wissenschaften FH Ingolstadt
www.fh-ingolstadt.de

ISERLOHN

Fachhochschule Südwestfalen. Hochschule für Technik und Wirtschaft
www.fh-swf.de

Business and Information Technology School BiTS
www.bits-iserlohn.de

ISNY

Naturwissenschaftlich-Technische Akademie Prof. Dr. Grübler gGmbH Staatlich anerkannte Hochschule und Berufskolleg
www.fh-isny.de

JENA

Friedrich-Schiller-Universität Jena
www.uni-jena.de

Fachhochschule Jena
www.fh-jena.de

KAISERSLAUTERN

Technische Universität Kaiserslautern
www.uni-kl.de

Fachhochschule Kaiserslautern
www.fh-kl.de

KARLSRUHE

Universität Fridericiana zu Karlsruhe (TH)
www.uni-karlsruhe.de

Pädagogische Hochschule Karlsruhe
www.ph-karlsruhe.de

Staatliche Akademie der Bildenden Künste
www.kunstakademie-karlsruhe.de

Staatliche Hochschule für Musik
www.hfm-karlsruhe.de

Staatliche Hochschule für Gestaltung Karlsruhe
www.hfg-karlsruhe.de

Hochschule Karlsruhe
www.hs-karlsruhe.de

Duale Hochschule Baden-Württemberg Karlsruhe
www.dhbw-karlsruhe.de

KASSEL

Universität Kassel
www.uni-kassel.de

KEMPTEN

Fachhochschule Kempten. Hochschule für Technik und Wirtschaft
www.fh-kempten.de

KIEL

Christian-Albrechts-Universität zu Kiel
www.uni-kiel.de

Fachhochschule Kiel
www.fh-kiel.de

Muthesius Kunsthochschule
www.muthesius.de

KLEVE

Hochschule Rhein-Waal
www.hochschule-rhein-waal.de

KOBLENZ

Universität Koblenz-Landau
www.uni-koblenz-landau.de

Fachhochschule Koblenz
www.fh-koblenz.de

KÖLN

Universität zu Köln
www.uni-koeln.de

Deutsche Sporthochschule Köln
www.dshs-koeln.de

Hochschule für Musik Köln
www.mhs-koeln.de

Fachhochschule Köln
www.fh-koeln.de

Rheinische Fachhochschule Köln
www.rfh-koeln.de

Kunsthochschule für Medien Köln
www.khm.de

Hochschule Fresenius
www.fh-fresenius.de

Katholische Hochschule Nordrhein-Westfalen. Abteilung Köln
www.kfhnw.de

KONSTANZ

Universität Konstanz
www.uni-konstanz.de

Hochschule Konstanz
www.fh-konstanz.de

KÖTHEN

Hochschule Anhalt (FH)
www.hs-anhalt.de

KREFELD

Hochschule Niederrhein
www.hs-niederrhein.de

LANDAU

Universität Koblenz-Landau
www.uni-koblenz-landau.de

LANDSHUT

Fachhochschule Landshut
www.fh-landshut.de

LAUSITZ

Hochschule Lausitz (Cottbus und Senftenberg)
www.fh-lausitz.de

LEIPZIG

Universität Leipzig
www.uni-leipzig.de

Handelshochschule Leipzig (HHL) – Leipzig Graduate School of Management
www.hhl.de

Hochschule für Musik und Theater »Felix Mendelssohn Bartholdy« Leipzig
www.hmt-leipzig.de

Hochschule für Grafik und Buchkunst Leipzig
www.hgb-leipzig.de

Hochschule für Technik, Wirtschaft und Kultur Leipzig
www.htwk-leipzig.de

Deutsche Telekom Hochschule für Telekommunikation Leipzig
www.hft-leipzig.de

LIPPE

Hochschule Ostwestfalen-Lippe
www.hs-owl.de

LÜBECK

Universität zu Lübeck
www.uni-luebeck.de

Musikhochschule Lübeck
www.mh-luebeck.de

Fachhochschule Lübeck
www.fh-luebeck.de

LUDWIGSBURG

Pädagogische Hochschule Ludwigsburg
www.ph-ludwigsburg.de

Filmakademie Baden-Württemberg
www.filmakademie.de

Evangelische Hochschule Ludwigsburg
www.eh-ludwigsburg.de

LUDWIGSHAFEN

Fachhochschule Ludwigshafen am Rhein
www.fh-ludwigshafen.de

LÜNEBURG

Leuphana Universität Lüneburg
www.leuphana.de

MAGDEBURG

Otto-von-Guericke-Universität Magdeburg
www.uni-magdeburg.de

Hochschule Magdeburg-Stendal (FH)
www.hs-magdeburg.de

MAINZ

Johannes Gutenberg-Universität Mainz
www.uni-mainz.de

Fachhochschule Mainz
www.fh-mainz.de

Katholische Fachhochschule Mainz
www.kfh-mainz.de

MANNHEIM

Universität Mannheim
www.uni-mannheim.de

Staatliche Hochschule für Musik und Darstellende Kunst Mannheim
www.muho-mannheim.de

Hochschule Mannheim
www.hs-mannheim.de

Popakademie Baden-Württemberg
www.pop-akademie.de

Duale Hochschule Baden-Württemberg Mannheim
www.dhbw-mannheim.de

MARBURG

Philipps-Universität Marburg
www.uni-marburg.de

MERSEBURG

Hochschule Merseburg (FH)
www.hs-merseburg.de

MITTWEIDA

Hochschule Mittweida (FH)
www.htwm.de

MORITZBURG

Evangelische Fachhochschule für Religionspädagogik und Gemeindediakonie
www.fhs-moritzburg.de

MOSBACH

Duale Hochschule Baden-Württemberg Mosbach
www.dhbw-mosbach.de

MÜLHEIM

Hochschule Ruhr West
www.fh-westlichesruhrgebiet.de

MÜNCHEN

Ludwig-Maximilians-Universität München
www.uni-muenchen.de

Technische Universität München
www.tu-muenchen.de

Universität der Bundeswehr München
www.unibw-muenchen.de

Akademie der Bildenden Künste
www.adbk.de

Hochschule für Musik und Theater München
www.musikhochschule-muenchen.de

Hochschule für Fernsehen und Film München
www.hff-muenchen.de

Hochschule für Philosophie München
www.hfph.mwn.de

Hochschule für Politik München
www.hochschule-fuer-politik.mhn.de

Hochschule für angewandte Wissenschaften – FH München
www.fh-muenchen.de

Katholische Stiftungs-Fachhochschule München
www.ksfh.de

MÜNSTER

Westfälische Wilhelms-Universität Münster
www.uni-muenster.de

Kunstakademie Münster
www.kunstakademie-muenster.de

Philosophisch-Theologische Hochschule Münster
www.pth-muenster.de

Fachhochschule Münster
www.fh-muenster.de

Katholische Hochschule Nordrhein-Westfalen
www.kfhnw.de

NEU-ULM

Hochschule Neu-Ulm
www.hs-neu-ulm.de

NEUBRANDENBURG

Hochschule Neubrandenburg
www.fh-nb.de

NEUENDETTELSAU

Augustana-Hochschule
www.augustana.de

NORDHAUSEN

Fachhochschule Nordhausen
www.fh-nordhausen.de

NÜRNBERG

Friedrich-Alexander-Universität Erlangen-Nürnberg
www.uni-erlangen.de

Akademie der Bildenden Künste in Nürnberg
www.adbk-nuernberg.de

Hochschule für Musik Nürnberg
www.hfm-n-a.de

Georg-Simon-Ohm-Hochschule Nürnberg
www.ohm-hochschule.de

Evangelische Fachhochschule Nürnberg
www.evfh-nuernberg.de

NÜRTINGEN

Hochschule für Wirtschaft und Umwelt Nürtingen-Geislingen
www.hfwu.de

Hochschule für Kunsttherapie Nürtingen
www.hkt-nuertingen.de

OBERURSEL

Lutherische Theologische Hochschule Oberursel
www.lthh-oberursel.de

OESTRICH-WINKEL

European Business School Oestrich-Winkel (EBS)
www.ebs.edu

OFFENBACH

Hochschule für Gestaltung Offenbach am Main
www.hfg-offenbach.de

OFFENBURG

Hochschule für Technik, Wirtschaft und Medien Offenburg
www.hs-offenburg.de

OLDENBURG

Carl-von-Ossietzky-Universität Oldenburg
www.uni-oldenburg.de

Fachhochschule Oldenburg/Ostfriesland/Wilhelmshaven
www.fh-oow.de

OSNABRÜCK

Universität Osnabrück
www.uni-osnabrueck.de

Fachhochschule Osnabrück
www.fh-osnabrueck.de

OTTERSBERG

Fachhochschule Ottersberg. Fachhochschule für Kunsttherapie, Kunstpädagogik und Kunst
www.fh-ottersberg.de

PADERBORN

Universität Paderborn
www.uni-paderborn.de

Theologische Fakultät Paderborn
www.theol-fakultaet-pb.de

Fachhochschule der Wirtschaft (FHDW)
www.fhdw.de

PASSAU

Universität Passau
www.uni-passau.de

PFORZHEIM

Hochschule Pforzheim
www.hs-pforzheim.de

POTSDAM

Universität Potsdam
www.uni-potsdam.de

Hochschule für Film und Fernsehen »Konrad Wolf« Potsdam-Babelsberg
www.hff-potsdam.de

Fachhochschule Potsdam
www.fh-potsdam.de

RAVENSBURG

Hochschule Ravensburg-Weingarten
www.hs-weingarten.de

Duale Hochschule Baden-Württemberg Ravensburg
www.dhbw-ravensburg.de

REGENSBURG

Universität Regensburg
www.uni-regensburg.de

Fachhochschule Regensburg. Hochschule für Technik, Wirtschaft, Sozialwesen
www.fh-regensburg.de

Hochschule für Katholische Kirchenmusik und Musikpädagogik Regensburg
www.hfkm-regensburg.de

REUTLINGEN

Hochschule Reutlingen
www.reutlingen-university.de

RIEDLINGEN

SRH FernHochschule Riedlingen
www.srh.de

ROSENHEIM

Hochschule Rosenheim
www.fh-rosenheim.de

ROSTOCK

Universität Rostock
www.uni-rostock.de

Hochschule für Musik und Theater Rostock
www.hmt-rostock.de

ROTTENBURG

Hochschule für Forstwirtschaft Rottenburg
www.hs-rottenburg.net

Hochschule für Kirchenmusik
www.hfk-rottenburg.de

SAARBRÜCKEN

Universität des Saarlandes
www.uni-saarland.de

Hochschule der Bildenden Künste Saar
www.hbksaar.de

Hochschule für Musik Saar
www.hfm.saarland.de

Hochschule für Technik und Wirtschaft des Saarlandes
www.htw-saarland.de

SANKT AUGUSTIN

Philosophisch-Theologische Hochschule SVD Sankt Augustin
www.philtheol-augustin.de

Hochschule Bonn-Rhein-Sieg
www.fh-bonn-rhein-sieg.de

SCHMALKALDEN

Fachhochschule Schmalkalden. Hochschule für angewandte Wissenschaften
www.fh-schmalkalden.de

SCHWÄBISCH GMÜND

Pädagogische Hochschule Schwäbisch Gmünd
www.ph-gmuend.de

Hochschule für Gestaltung Schwäbisch Gmünd
www.hfg-gmuend.de

SCHWÄBISCH HALL

Fachhochschule Schwäbisch Hall – Hochschule für Gestaltung
www.fhsh.de

SIEGEN

Universität Siegen
www.uni-siegen.de

SIGMARINGEN

Hochschule Albstadt-Sigmaringen
www.hs-albsig.de

STRALSUND

Fachhochschule Stralsund
www.fh-stralsund.de

STUTTGART

Universität Stuttgart
www.uni-stuttgart.de

Universität Hohenheim
www.uni-hohenheim.de

Staatliche Akademie der Bildenden Künste Stuttgart
www.abk-stuttgart.de

Staatliche Hochschule für Musik und Darstellende Kunst Stuttgart
www.mh-stuttgart.de

Hochschule für Technik Stuttgart
www.hft-stuttgart.de

Hochschule der Medien Stuttgart
www.hdm-stuttgart.de

Merz Akademie. Hochschule für Gestaltung Stuttgart
www.merz-akademie.de

Freie Hochschule Stuttgart – Seminar für Waldorfpädagogik
www.freie-hochschule-stuttgart.de

Duale Hochschule Baden-Württemberg Stuttgart
www.dhbw-stuttgart.de

TRIER

Universität Trier
www.uni-trier.de

Theologische Fakultät Trier
www.uni-trier.de/uni/theo

Fachhochschule Trier. Hochschule für Technik, Wirtschaft und Gestaltung
www.fh-trier.de

TROSSINGEN

Staatliche Hochschule für Musik Trossingen
www.mh-trossingen.de

TÜBINGEN

Eberhard-Karls-Universität Tübingen
www.uni-tuebingen.de

Hochschule für Kirchenmusik der Evangelischen Landeskirche in Württemberg
www.kirchenmusikhochschule.de

ULM

Universität Ulm
www.uni-ulm.de

Hochschule Ulm
www.hs-ulm.de

VALLENDAR

Philosophisch-Theologische HochschuleVallendar
www.pthv.de

WHU – Otto-Beisheim School of Management
www.whu.edu

VECHTA

Universität Vechta
www.uni-vechta.de

Private Fachhochschule für Wirtschaft und Technik Vechta-Diepholz
www.fhwt.de

VILLINGEN-SCHWENNINGEN

Duale Hochschule Baden-Württemberg Villingen-Schwenningen
www.dhbw-vs.de

WEDEL

Fachhochschule Wedel
www.fh-wedel.de

WEIHENSTEPHAN

Fachhochschule Weihenstephan
www.hswt.de

WEIMAR

Bauhaus-Universität Weimar
www.uni-weimar.de

Hochschule für Musik »Franz Liszt« Weimar
www.hfm-weimar.de

WEINGARTEN

Pädagogische Hochschule Weingarten
www.ph-weingarten.de

Hochschule Ravensburg-Weingarten
www.hs-weingarten.de

WENIGERODE

Hochschule Harz. Hochschule für angewandte Wissenschaften (FH)
www.hs-harz.de

WIESBADEN

Hochschule Rhein-Main
www.fh-wiesbaden.de

WILDAU

Technische Fachhochschule Wildau
www.tfh-wildau.de

WILHELMSHAVEN

Fachhochschule Oldenburg/Ostfriesland/Wilhelmshaven
www.fh-oow.de

WISMAR

Hochschule Wismar
www.hs-wismar.de

WITTEN

Private Universität Witten/Herdecke
www.uni-wh.de

WOLFENBÜTTEL

Fachhochschule Braunschweig/Wolfenbüttel
www.fh-wolfenbüttel.de

WORMS

Fachhochschule Worms
www.fh-worms.de

WUPPERTAL

Bergische Universität Wuppertal
www.uni-wuppertal.de

Kirchliche Hochschule Wuppertal/Bethel. Hochschule für Kirche und Diakonie
www.kiho-wuppertal.de
www.kiho-bethel.de

WÜRZBURG

Bayerische Julius-Maximilians-Universität Würzburg
www.uni-wuerzburg.de

Hochschule für Musik Würzburg
www.hfm-wuerzburg.de

Fachhochschule Würzburg-Schweinfurt
www.fh-wuerzburg.de

ZITTAU

Internationales Hochschulinstitut Zittau
www.ihi-zittau.de

Hochschule Zittau/Görlitz
www.hs-zigr.de

ZWICKAU

Westsächsische Hochschule Zwickau
www.fh-zwickau.de